浙江省社会科学界联合会社科普及课题成果
学校素质教育系列读本

信义行天下

——宁波帮精神简明读本

应金萍　戴亚娥　沈央珍
郑　芳　李可依　谢　骏　编著
邬琦姝　张　军　励　业

浙江工商大学出版社
ZHEJIANG GONGSHANG UNIVERSITY PRESS

图书在版编目(CIP)数据

信义行天下 ：宁波帮精神简明读本 / 应金萍等编著.
—杭州 ：浙江工商大学出版社，2017.1
ISBN 978-7-5178-1929-5

Ⅰ. ①信… Ⅱ. ①应… Ⅲ. ①商业史－宁波－高等职业教育－教材 Ⅳ. ①F729

中国版本图书馆 CIP 数据核字(2016)第 290427 号

信义行天下——宁波帮精神简明读本

应金萍 等 编著

责任编辑 沈敏丽 刘 韵
封面设计 叶泽雯
责任校对 何小玲
责任印制 包建辉
出版发行 浙江工商大学出版社
(杭州市教工路 198 号 邮政编码 310012)
(E-mail:zjgsupress@163.com)
(网址:http://www.zjgsupress.com)
电话:0571－88904980,88831806(传真)
排 版 杭州朝曦图文设计有限公司
印 刷 杭州恒力通印务有限公司
开 本 880mm×1230mm 1/32
印 张 6.375
字 数 138 千
版 印 次 2017 年 1 月第 1 版 2017 年 1 月第 1 次印刷
书 号 ISBN 978-7-5178-1929-5
定 价 28.00 元

浙江工商大学出版社营销部邮购电话 0571－88904970

PREFACE 前言

四明西聚，三江东流；东海涛涌，沧桑百年。宁波帮，原本是指明清以来浙江宁波府属鄞县、慈溪、镇海、奉化、象山和定海（今舟山）六邑的地域性商人集团。1984 年 8 月 1 日，邓小平做出“把全世界的宁波帮都动员起来建设宁波”的指示，宁波帮的内涵随之扩大，不仅仅限于商人集团，而是泛指活跃在国内外各项事业中的甬籍人士。浙东民谚：无宁不成市，无绍不成衙。意思就是，没有一个集市没有宁波商人，没有一个衙门没有绍兴师爷。20 世纪上半叶，宁波帮更是超越老牌的徽商、晋商，以其雄厚的实力，在经济金融中心上海独占鳌头。改革开放以后，境内宁波帮与境外宁波帮交流融合，展现出新时期的勃勃生机。

宁波帮商人在中国工商发展史上创造了许多奇迹，其动力源泉正是他们身上蕴含着的令人折服的精神，并在经营实践中形成了独特的宁波帮精神。2012 年 4 月 14 日，首届世界宁波帮大会在浙江宁波隆重召开，千名海内外宁波帮人士齐聚故园，用 262 亿元的投资回馈父老乡亲。大会发表了《首届世界宁波帮大会宣言》(以下简称《宣言》)，奏响了百年商帮新的时代强音。宣言内容分为六大篇章：决心砥砺艰苦创业之志、勇闯自主创新之路、光大诚实守信之道、担当回馈社会之责、深怀造福桑梓之情、凝聚永续发展之魂。本书正是以《宣言》的六大篇章为编写框架，从六个方面分析阐述了宁波帮精神，文字简练、通俗易懂。

本书将社会主义核心价值观、浙江精神的宣传教育融入对宁波帮精神的解读，使三者在书中达成了有机融合，使价值观教育更有时效性和针对性。老一代宁波帮勇闯天下、克勤克俭的创业之道，秉承祖训、诚实守信的经营之道，新一代宁波帮回馈社会、造福桑梓的大义情怀，驰骋商海、创新发展的拼搏之势，无不凸显了爱国、敬业、诚信、友善的社会主义核心价值观和崇学、向善、务实、守信的浙江精神。新时代的宁波帮凝聚商帮精神，勇立改革潮头，“思进思变思发展，创新创业创一流”，宁波帮精神在新时代的宁波商人中得到了不断的发扬与升华。

本书由应金萍策划、统稿与总纂定稿，全书共六章，第一章由沈央珍编写，第二章由谢骏、邬琦姝编写，第三章由李可依编写，第四章由张军、励业编写，第五章由郑芳编写，第六章由戴亚娥编写。本书每个章节都配有导读，将章节内容提炼于导读中，以便于读者阅读。

本书从选题到成文，时间紧迫，加之本研究团队学术水平有限，故难免有疏漏、错误和不全之处，敬请读者和同仁多加批评指正。

本书的撰写，得到了学校领导的大力支持和无私关怀。此书的顺利完成倾注了整个研究团队的心血，很多同志给我们提供了许多建设性的意见，在此一并表示衷心的感谢。

编著者

2016 年 11 月

CONTENTS 目 录

第一章 砥砺艰苦创业之志 001

一、栉风沐雨，艰苦创业 003

二、自强不息，敢为人先 008

三、筚路蓝缕，克勤克俭 015

四、百折不挠，玉汝于成 019

五、新宁波帮，再续辉煌 030

第二章 勇闯自主创新之路 041

一、把握脉息，创新求进 043

二、注重乡谊，团结互助 045

三、超越传统，创新求变 048

四、铸就商海新优势的宁波人 055
五、形成商海新品格的宁波人 062
第三章 | 光大诚实守信之道 071
一、百家诚信，古之商魂 073
二、秉承祖训，信义天下 081
三、新宁波帮，诚信立命 091
第四章 | 担当回馈社会之责 097
一、发展科技，贡献社会 099
二、文化积淀，传承建构 106
三、民族大义，爱国爱家 115
第五章 | 深怀造福桑梓之情 133
一、慷慨解囊，推动宁波经济建设 135
二、投资兴学，推动宁波教育事业发展 143
三、济困扶危，推动宁波慈善、卫生事业 151
第六章 | 凝聚永续发展之魂 157
一、三“家”合一，文商相辅，白手起家，行善积德 159
二、砥砺磨炼，低头做事，脚踏实地，三驾并驱 164
三、低调崛起创百强，诚信开拓赢口碑 169
四、让设计“智”造厨具，让美学融入产品 175
五、纪录保持，铿锵玫瑰，转型升级，车行高端 179
六、互联网新锐青商，闯逆境人才猎头 184
参考文献 190
后　　记 192

第一章　砥砺艰苦创业之志

“宁波帮”自明朝末年兴起，迄今三百余年，长盛不衰，是唯一实现了集团性或群体性近现代化转型的商帮，是中国近代最大、最有代表性的商帮。他们以“宁郡六邑”的地缘为纽带相互支持，借助正在形成的远东金融中心、航运中心和近代产业中心的拉动，迅速在上海脱颖而出，并扩张到全国各大商埠，在中国沿海和广大的内陆城市留下了他们的身影。“宁波帮”以其强烈的创业精神和杰出的经营能力，纷纷成为各自行业的“巨子”与“领头羊”，对中国近现代社会经济发展产生了广泛而深刻的影响，做出了特殊贡献。如今，“宁波帮”继承者的足迹，遍布世界五大洲，成为了中国商人中令人瞩目的劲旅。改革开放以来，传承和发扬“宁波帮”精神的新甬商开拓进取，勇于创新，实现了宁波民营经济的重生、发展与跨越，成为中国经济舞台上最活跃的商帮之一。

“宁波帮”数百年的奋斗之路充满艰辛、挫折，同时又取得了成功和辉煌。筚路蓝缕、栉风沐雨、艰难困苦、玉汝于成是“宁波帮”成功创业的真实写照。宁波的企业家背井离乡，四海为家，他们忍辱负重，白手起家，在艰辛的创业过程中，坚守“自强不息、创业不止”的信念，形成了独特的“艰难困苦、百折不挠”的创业创新精神。

一、栉风沐雨，艰苦创业

“吃得苦中苦，方为人上人。”创业的艰辛与发展是同步的，宁波帮的发展历程足以证明这一点。在上海创业的近代宁波人大多白手起家，从最卑微的苦力活做起，如学徒、伙计、木工、裁缝、车夫、挑夫。他们艰苦创业，顽强拼搏，自立自强，稍有基础后便自立门户，成就自己的事业。他们审时度势，奋力开拓，领先一步，纷纷涉足新兴行业，特别是从事当时颇有风险又无人问津的对外经济活动，从而迅速壮大了自己。他们或充当买办经营起家，或经销洋货、附股洋商企业而获利，或从事对外贸易而发迹。这不仅使大批宁波商人掘得第一桶金，迅速完成原始积累，演绎了一部部白手创大业的致富神话，而且使宁波商人成为近代中国最早接触与熟悉西方资本主义经营方式的人士，由此获得了许多管理近代企业、开发市场的经验和知识。以此为基础，19世纪末以后，宁波商人纷纷投资兴办民族工商业，从中产生了一大批在近代中国工商界举足轻重的商界巨子与实业精英。如清末的严信厚、叶澄衷、朱葆三，民国时代的虞洽卿、刘鸿生、秦润卿，现代的包玉刚、邵逸夫、王宽诚等。

（一）叶澄衷：从摆渡人到宁波商团的先驱和领袖

叶澄衷（1840—1899），清末资本家，字成忠，生于宁波镇海庄市一个贫困农民家中。他6岁丧父，9岁读私塾，仅半年，因家贫辍学。11岁就佣于庄市横河堰榨油坊当学徒。1854年，叶澄衷14岁，他来到上海谋生，在法租界一家杂货店当学徒。17岁租舢板船在黄浦江上摆渡，天天在黄浦江上风里来雨里去，却还是只能勉强图个温饱。为了能与外国人直接做买卖，叶澄衷随身携带一本以宁波方言注解的《英语话注解》，苦学“洋泾浜”英语，并向外轮兜售吃食百杂，结识一些外国人，在买卖中获利。因诚信为人，他得到外商的帮助，于1862年在虹口开设“老顺记商号”，经销五金零件。因经营有方，不数年，总号移于百老汇，并在长江中下游各商埠遍设分号38家，人称“五金大王”，遂成巨富。叶澄衷善于接受新的观念，不走传统的路子，旗下的不少产业国内领先，如火油业、五金业、地皮业、缫丝厂、火柴厂、小火轮、中国通商银行等，保证了事业的兴旺发达。

（二）朱葆三：从学徒到上海金融工商巨擘

朱葆三（1848—1926），名佩珍，字以行，定海人。13岁那年，父亲患上重病，旷日持久的求医用药使朱葆三的家境日趋困苦。母亲方氏无奈之下忍痛托人把尚未成年的朱葆三带往上海学艺谋生。14岁时，朱葆三在“协记吃食五金店”当学徒。

朱葆三白天在店堂勤恳工作，晚上抽空刻苦自学。除了学习英语，他还攻读语文、珠算、记账、商业尺牍等有关商业的各类知识。他求知若渴，好学不倦，逐步掌握经营管理知识，得到了店主的赞赏，夸他“勤敏朴诚，殊于常儿”。17岁那年，朱葆三担任总账房和营业主任。3年后，店经理病故，深得店主青睐的朱葆三继任经理。在短短7年中，一个学徒被提拔为总账房、营业主任，直至经理。

1878年，朱葆三用自己积攒的钱做资本，在上海新开河地区开设了专营大五金的“慎裕五金店”。至此，朱葆三从学徒一跃成为店主，30 岁就跻身于上海五金行业资本家的行列，这在当时实属鲜见，也是他人生道路上的重大转折点。

经营“慎裕五金店”，对于朱葆三来说驾轻就熟，凭借在“协记”时独当一面的业务管理经验，朱葆三很快使“慎裕”的生意进入兴旺发达的轨道。后来，“慎裕”从新开河迁移到商业闹市区四马路(今福州路)13 号。新“慎裕五金店”的气派和规模顿显改观，朱葆三的身份和名望也随之攀升。尔后朱葆三将经营范围逐步扩大，在十里洋行崭露头角。

朱葆三接二连三地甩出了大手笔：陆续投资或参股创办金融业，诸如中国通商银行、浙江实业银行、浙江兴业银行、四明银行、中华银行、江南银行，还有华安保险公司、华兴水火保险公司、华成保险公司、华安合群人寿保险公司等；发展交通运输业，如宁绍轮船公司、长和轮船公司、永利轮船公司、永安轮船公司、舟山轮船公司、大达轮埠公司及法商东方航业公司等；发展公用事业，开设上海华商电车公司、定海电器公司、舟山电灯公司、上海内地自来水厂、汉口自来水公司、广东自来水厂等；建造工矿企业，有上海绢丝厂、上海华商水泥公司、柳江煤矿公司、长兴煤矿公司、大有榨油厂、海州赣丰饼油厂、龙华造纸厂、日华绢丝厂、上海第一呢绒厂、中兴面粉厂、立大面粉厂、和兴铁厂、宁波和丰纱厂、同利机器纺织麻袋公司及马来亚吉邦橡胶公司等。

朱葆三的资产如滚雪球越滚越大，成功跻身上海巨商行列。他的成功秘诀之一是广泛结交社会各界人士，协调多方关系；秘诀之二是以儒家的“信义”两字作为准则，为人恪守信用、讲义气。

(三)克勤克俭,鲍氏兄弟创办商务印书馆

鲍咸恩(1861—1910)、鲍咸昌(1864—1929),鄞县人。兄弟二人均为我国第一家商务印书馆的创办人。

鲍咸昌,是排字工出身,与同是排字工的哥哥和妹夫租了3间工房办起印书馆。当时的设备十分简陋,仅有手摇架、脚踏架印刷机3台,自来墨手扳架3台,以接印外商商务文件为主,也接一些宗教书籍,事业由此起步。1913年,鲍咸昌曾到欧洲和日本考察印刷技术和业务,回国后致力于革新和引进技术、扩充印刷所,聘请德、美技师来厂指导,使商务印书馆在珂罗版、雕刻铜版、照相锌版、凹凸版、影写版、影印版等方面的印刷技术处于全国领先地位。1920年4月,鲍咸昌任商务印书馆总经理兼印刷所所长,聘请王云五及多位专家进馆,强化编译所,革新《小说月报》《学生杂志》《妇女杂志》,创刊《儿童世界》《自然界》等期刊,出版《世界文学名著丛书》《学生国学丛书》《中国人名大辞典》《中国医学大辞典》《综合英汉大辞典》《科学大纲》等书,创办励志夜校,在香港设立印刷厂等。在他担任总经理的10年间,商务印书馆取得了长足进步。

(四)苦心经营,"红帮"掀起服装革命

早在18世纪末,宁波人以剃刀、厨刀、裁衣刀"三把刀"为工具,走向全国,走向远东各大商埠。他们与近代化的生活方式相适应,衍生出以"红帮"统称的西式服务业。鸦片战争后,宁波作为当时最早与国外通商的口岸城市之一,来了不少蓝眼睛、红头发的洋人,宁波人习惯上称他们为"红毛人",为"红毛人"做衣服的裁缝被称为"红帮"裁缝。其中的"红帮"成衣业,呼应着辛亥革命引导的移风易俗和西风东渐的服饰演变,在中国掀起了一场深刻的服装革命。

宁波“红帮”裁缝的贡献在中国服装史上是不可替代的。他们开创了中国服装史上的诸多第一：第一家西服店，第一套西服、中山装，第一部西服专著，第一家西服工艺学校；经历了“横滨港习艺、上海滩成名、沪宁线延伸、京津城引领、东三省跨越、大武汉创优、大西部倾情、东南亚拓展、港澳台溢彩、三江口奉献”的创业历程。

“红帮”裁缝精湛的技艺和高超的经营方法，是他们在市场上立于不败之地的法宝，尤其是他们秉承的西服制作的“一对一”人性化服务，在以工业流水线生产大批量成衣的今天，显得分外可贵。这样精工细作做成的西服，实质上已超越了单纯服装的含义，成为一种美丽精致的手工艺品，不但具有实用价值，还具有欣赏和收藏价值。

（五）王才运：“红帮”裁缝代表

王才运（1879—1931），名士通，字才运，奉化长寿乡王溆浦村（今属江口镇）人。其父王溲木早年东渡日本，以制作成衣为生，手艺高超。数年后回国，执旧业于上海。王才运13岁就离开奉化到上海谋生，他先在一家杂货店当学徒，后跟随其父学裁缝。王才运学艺时，看到上海开埠后各国洋人纷至沓来，而当时的中式成衣铺和西服裁缝店都只是来料加工，于是萌生了发展西服业的志向。他设想从备料入手，如果顾客来店，即可挑选喜欢的面料和里料，就地加工成衣。当时缺少资金，王才运从“包袱裁缝”做起，带着面料样本，主动上门供顾客挑选，然后量体裁衣，人称“包袱老板”。经过几年苦干，有了一点积蓄，他便在浙江路天津路口的忆鑫里附近租了一间店面，开设了“王荣泰洋服店”。又经过几年的辛勤经营，1910 年，与人合伙在南京路西藏路转角处——现上海市第一百货商店所在处，创办了一家三层、八开间门面的男式西服号——荣昌祥呢绒西服号。从 1916 年开始，他独资经营荣昌祥。为适应国际上西服款式的变化，他长期从英国定购西服样本，使荣昌祥的西服式样不断更新换代。另外还从日本、朝鲜等地重金聘请出类拔萃的华工裁缝做生产指导。备货方面，他通过怡和洋行向英国、意大利等国有名的厂商订购各色新颖呢绒。这使许多旅居在沪的外侨乐于光顾，有些外侨归国时还要定做一批西服带回去，各大城市的客商也都纷纷来沪订货。荣昌祥的牌子越来越响，并发展成为上海最著名、最完备的大型专业作坊和商店。第一件中山装就是在这一西服号里制成的。辛亥革命后，孙中山曾在此店定制过几套西服，1911 年后，王才运根据他的意图，制作了第一套简朴庄重、胜于西服的“中山装”。

1926 年春，王才运弃商归里，以分红形式将荣昌祥大部分资产分给店中员工，店堂交给他的学生——外甥女婿王宏卿经营，形成红帮裁缝在上海滩百舸争流的场面。他被誉为“红帮先驱”“模范商人”。

二、自强不息，敢为人先

宁波的商业移民适逢中国近代化的大时代，他们慧眼独具地发现当时的上海有成为远东地区金融、航运和近代产业中心的大趋势。宁波帮抓住了这一契机，凭借强烈的近代经营意识，采纳最先进的科学技术，实行最先进的经营方式，投入最先进的产业,积累起巨额的货币财富,并形成了宁波帮新式商人群体,由此,也确立了他们在近代重要经济中心——上海的主导地位。

(一)白手起家,成就“中国制造”的先声

用西洋技术发展中国的制造业,是中国近代化产业的主命题之一。在上海这片与国际先进技术距离最近的开阔“滩头”里,宁波工商业者用西洋技术创造了中国经济史上许多个“第一”。叶友才创办了我国第一家电器厂;方液仙创办了中国化学工业社;胡西园成功研制出我国第一只白炽灯泡,此后创办灯泡厂,生产的亚浦耳灯泡在当时被广泛使用。中国最早的染整企业、最早的味精厂、最早的生产精纺呢绒的毛织厂、最早的民营仪表厂……这些“中国制造”的先声无一不出自宁波人之手。

1. 叶友才:终成中国电扇之父。

叶友才(1888—1952),浙江定海人。少年时代在上海电机商行当学徒。后在怡和、威灵、福昌等洋行任跑街,从事电器、机械、五金等销售业务。1909 年,因业务关系,结识裕康洋行司账杨济川、久记木行跑街袁宗耀。1914 年,三人拼凑资金,白手起家试制电扇,没有图纸他们就先用美国制造的奇异牌电扇来仿制;没有钱他们就设法找亲戚朋友借;没有加工设备他们就按技术要求委托白铁店、铜匠铺、翻砂作坊协作加工。几经失败后,两台样机的试制于 1915 年完成,经过试验,质量完全符合使用规范。第一台国产电扇就这样诞生了。这在当时的中国是一个伟大的壮举,从此改变了人们在炎热的夏天摇着蒲扇的日子。到了民国时期,1916 年 2 月,叶友

才又与杨济川、袁宗耀等集资200银圆，在北四川路横浜桥创办了我国第一家电器厂——华生电器制造厂，并开始制造限制电流表、输电变压器和直流发电机等产品，华生牌电器由此名扬全国。

1932年，叶友才又生产出1—10马力的感应电动机，并投入市场。到了1934年12月，他又将华生电器厂改组为股份有限公司，在上海福建路513弄设事务所。此时，华生牌电扇已占华生厂总产品的50%—60%，日产200台，年产72000余台，年销售额达100万元，成为中国电扇业中年产量和年产值稳居榜首的龙头老大，叶友才也因此被人们称为“电扇大王”。此时，除经营华生电器厂和华成电器厂外，叶友才还投资乌镇电灯公司、十二圩电灯公司、南翔电灯公司、中国国货公司和国华电池厂等，兼任董事等职，使企业的规模不断攀升。

2. 方液仙：创办中国最早的化学工业社。

方液仙(1893—1940)，男，字传沆，镇海人。实业家，中国化工业的先驱之一，有“国货大王”“化工大王”之称。

1912年，方液仙尚年幼，却对化学表现出了强烈的兴趣，后就读中西书院，曾师从德国著名化学家窦伯烈，有勤学之名。方液仙感叹洋货泛滥、充斥中国市场，于是立志要走实业强国之路，并开始在家中设化学实验室，研制轻工产品。他在上海创办了中国最早的化学工业社，所产的“三星”蚊香替代了日本的“野猪”蚊香；“剪刀”肥皂超越了英商的“祥茂”肥皂；独创的“三星”牙膏驰誉海外，“三星”成了当时著名国货品牌的代名词。方液仙先后开设了中国国货公司、中国国货联营公司，被誉为“国货大王”。

3. 刘鸿生:跨领域经营的“煤炭大王”。

定海人刘鸿生以经营开滦煤炭起家,被称为“煤炭大王”。自1920年起,刘鸿生陆续创办上海水泥厂、上海章华毛纺织公司、大中华火柴公司等企业。还投资码头、搪瓷、航运、金融及保险业等。他又有“中国火柴大王”和“毛纺织大王”之称。

(二)创新创业,钱庄业向现代银行转型

1. 上海形成甬人办银行的高潮。

“一战”爆发后,列强对华控制一度松懈,宁波商人迅速抓住机遇,尤其在金融业上。上海的宁波帮创办了中国最早的民营银行;建立了唯一的华资“外滩银行”;在一年内创办了上海煤业银行、民新银行、日夜银行等10余家银行。同时又接盘创办了中国垦业银行、中国企业银行等多家新式商业银行,在上海形成甬人办银行的高潮。宁波帮主宰的金融业对上海的同乡工商业者在技术领域的发展带来了不可估量的支撑作用。

宁波帮自觉地从钱庄转型为现代银行,完成了动人的“惊险一跳”。上海的宁波帮钱庄业在秦润卿的带动下,进行了大力度的改革:扩大抵押放款,压缩信用放款,大大减少了钱庄的风险;将放贷的对象转向新兴工业;改革了传统的“记账制度”,压缩透支,加快分红频率;仿照外国银行开设信托、保管、托收、代理保险等业务;创办《钱业月报》,向同行传播新的金融理念。宁波帮一步步扎实走来,在近代金融史上完成了一次又一次历史性飞跃,该时期成为上海的宁波工商业者从经营企业转向经营资本的高潮期,一时“江浙财团”声名鹊起。

2. 创办中国最早的民营银行。

1897 年,严信厚、朱葆三、叶澄衷等人创办了中国第一家华商银行——中国通商银行,成为中国传统金融业迈向近代化的标志性事件。紧接着创办的四明银行完全由旅沪的宁波籍工商业者投资,为华资商人自己的商业银行,也是上海的主要银行之一。

3. 建立了唯一的华资“外滩银行”。

1912 年,大清银行改组为中国银行。当时的外滩已经形成了外资银行的“金融街”,国际汇兑几乎全部被外资的汇丰银行垄断。宁波人宋汉章任经理的中国银行上海分行是唯一的华资“外滩银行”,并在美国纽约、日本大阪等处建立了代理机构,接着又在欧洲、美洲和南洋建立了 90 多处机构,不但确立了中国银行的国际地位,也使中国银行得到了充分的外汇储备。

4. 创办第一家证券物品交易所。

1920 年,镇海人虞洽卿、盛丕华等创办上海证券物品交易所,开设了证券、棉花、棉纱、布匹、金银、粮油、皮毛 7 部,兼做定期、约期、限期买卖,为上海第一家华商交易所。

(三)奋力拼搏,开拓中国航运业

宁波帮在海运业上也与洋人展开了激烈的竞争。上海开埠后,沿海和长江的轮船航运业立即被洋人垄断。宁波帮先行者以海一般的气度,创立中国人自己的海运公司,成为中国近海轮船航运的一支劲旅,并发出了远洋航运的先声。甲午战争后,叶澄衷、朱葆三、李厚佑创办了当时最大的华资轮船公司“大达轮船公司”,成为试图与洋船竞争的华人航运业旗舰；到 1921 年，宁波人创办的轮船公司已达 10 家，形成了一个同乡型的华人“联合舰队”；从 1932 年起，董浩云倡导“自船、自货、自运”的航运方针，打破了外商对华北水上运输的垄断。1934 年，促成了 20 余家行业公司的全面合作，沪津航运联合会正式宣告成立，有力推动了民族航运业的快速发展。

鸦片战争后，沙船业逐步衰落。永安商轮局、宁绍商轮公司和三北航业集团等航运企业的相继成立，打破了江海主要航线被外商和官办轮船公司垄断的局面，以宁波帮为主体的民营航运体系初具雏形，宁波人也完成了从传统帆船行业向轮船航运业的转型。

1. 海运的集团化经营。

1915 年，虞洽卿在上海创办三北行业集团，包括三北轮埠公司、鸿安商轮公司、宁兴轮船公司和鸿升码头堆栈公司，并在外地设立分公司。经过多年艰苦经营，三北航运集团发展成为拥有轮船 30 余艘，总吨位达 9.1 万多吨，约占全国民族航运业总吨位 1/7 的中国最大的商办航运业集团，全盛时其业务还扩展到西贡、仰光等东南亚地区。

1917 年，顾宗瑞独立创办泰昌祥报关行，与其他的船运相配套。1926 年，公司业务范围扩展至船行业务，报关行亦改名为泰昌祥轮船行。1931 年，泰昌祥轮船行两家子公司——永安轮船行和永亨轮船行相继成立，江海联运，声名震日。

2. 包玉刚：世界船王，旧船起步。

1918 年，包玉刚出生在镇海区西南庄市一个普通的江南乡村——钟包村。1931 年，小学未毕业的包玉刚就从门前的小河坐船离开故乡，到父亲包兆龙在汉口的平和鞋帽庄学做生意。

1949年初，包玉刚与父亲一起携数十万元积蓄，到香港另闯天下，决定在海洋运输业谋求发展。当时筹集了70多万美元，专程到英国买回了一艘以烧煤为动力的旧货船。这艘船已经使用了28年，排水量也只有8200吨，但包玉刚却像得了稀世珍宝一样，请人将它整修一新，并取名“金安”，这艘船就是事业的开始。1955年，包玉刚成立了“环球航运集团有限公司”，与日本一家船舶公司谈妥，将“金安号”转租给这家公司，从印度运煤到日本，采取长期出租的方式，稳扎稳打。

20世纪70年代，他决定逐步把重心转移到陆地上来，投资于红火的房地产业，兼营酒店和交通运输。

1979年，包玉刚被推举为国际独立船东协会主席。次年，他和香港首富李嘉诚一起，和英国资本集团展开了一场惊心动魄的斗争，这就是著名的“九龙仓”收购事件。

包玉刚首先购买中国制造的船舶，推动了中国造船业走向国际市场的步伐。至1981年，环球集团已拥有船只210艘，总吨位2100万吨，跃居世界航运业之冠，包玉刚也稳居“世界船王”的宝座。

1985年，包玉刚以5亿新加坡币夺得英资集团会德丰股权，成为继李嘉诚入主和记黄埔之后，夺得英资四大洋行的第二个香港人。1986年，包玉刚又一举收购香港另一个发钞银行——渣打银行14.5%的股份，成为该行最大的个人股东。至此，包玉刚的“海上王朝”和“陆地王国”都达到了顶峰。

（四）仰望天空，寻找商机

随着香港经济的发展，香港机场成为世界上最繁忙的空港之一。素有“香港毛纺织大王”之称的曹光彪随即做出了进军航空业的决定。1985 年 5 月,曹光彪排除港英当局的重重阻挠,第一次以华人身份在香港创立港龙航空公司。并于同年 7 月获牌首飞马来西亚,打破了香港航空业由英资财团垄断的历史。

1985 年 11 月,包玉刚等加盟港龙航空。经过不断努力,“港龙”不仅拥有了飞往中国内地的空运牌照,还取得了飞往泰国、日本、马来西亚等国际航线的牌照。

三、筚路蓝缕,克勤克俭

艰苦与勤俭相连,艰苦是勤俭之本,而勤俭则是艰苦之舟。勤俭不仅是一种对财富的态度,更反映了一个人的心态和境界。树清正之气,立节俭之风,成百年伟业。老一辈宁波帮白手起家,创造了亿万财富,在为家乡捐资时无不慷慨解囊,但对自己和自己的家庭,却十分注重勤俭。

(一)叶澄衷:穿老布衫袄,不忘祖宗

叶澄衷出身贫寒,11 岁给油坊打工,14 岁到 17 岁去上海给人家打工驾小舢板,17 岁那年开始自棹舢板从而发迹,22 岁在外商帮助下,在上海开设“顺记五金杂货店”,开始做了小老板。那时的他从不坐车马,一直靠两脚步行。后来做了大老板,外商送他汽车,他也婉言谢绝,送他五套西装,他也转送给谋士。他的孙女叶吉谋说:“我爷爷终身穿老布衫。”叶澄衷经常对别人讲:“穿老布衫袄是不忘祖宗。”

(二)赵安中:崇尚节约为国家

宁波旅港同乡会名誉会长、香港甬港联谊会名誉会长赵

安中，幼年辍学，几度失业后，辗转漂泊到香港，凭勤俭建立根本，靠积聚而成小康，终于创立了荣华纺织有限公司。他心甘情愿地拿出数千万元巨款给山乡和海岛的穷孩子办教育，而自己却不愿意多花一分钱。

赵安中的标准是：衣，只要够暖；食，只要够饱。他每次回乡，春秋季节，穿的就是一套藏青色带隐条的西装。回乡时，他对有关部门的所有活动安排都没意见，唯独对当地人的宴请感到十分不安，每每声明：你们教育经费很困难，我来已经很打扰大家了，怎么好意思让你们请客。在餐桌上，他总是一如既往地再三吩咐：一切从简，能省则省，最好给我吃土产。他最喜欢的是马兰、山笋、霉干菜烤肉、麦饼、番薯粥之类的农家饭菜，吃得很香。他平时待在香港，一套西装穿 30 年也不丢，里面的衬里都是破的。赵安中做了一辈子纺织，但穿的衬衣是几十元一件最普通的。他和太太在家里穿的内衣、睡衣都是旧的，有的还是破的。只要破得不是很厉害，总要继续穿用。手腕上那块戴了多年的手表是 105 元买的。

家里的菜篮子都是太太自己拎的。虽然家里有菲律宾女佣，但买菜还是太太自己的事。赵安中每天只在家里吃两餐，中午是在写字间吃的，吃的是和员工一样的盒饭。早饭通常是麦片、年糕泡饭，晚饭吃的也是平常小菜。和中国传统的家庭一样，赵家的饭桌上有一个不变的规矩：各人盛到碗里的饭、夹到碗里的菜，必须吃掉，不许留一颗饭粒、一点菜汤。盘里、锅里剩下的也舍不得倒掉，放到冰箱里等下一餐吃。宁波乡亲送的菜蕻干，是赵家喜欢吃的家乡菜。新鲜的时候，太太用它冲一碗清汤；有时放久了，颜色发黄，还是舍不得扔掉，烤肉时照样吃。

去过赵安中先生家的人都会感叹：他家里的装潢，虽然当年也许算得上气派，但在今天却显得过于老旧了——噪音很大的窗式空调，用了几十年的家具，不太好使的老式烟道式热水器，抽拉不灵活的窗帘……这一切都与人们想象中的香港富豪家里金碧辉煌的样子落差太大了。他每次回乡考察教育的车旅费、住宿费总是自掏腰包；哪怕是从外地来探望他的亲朋，他也绝不让公家破费。

他的写字间位于香港最好的商务中心地段——中环，一年租金数十万美金。可是走进他的办公室，处处可以感觉到他的节约风格。赵安中的秘书经常会陪赵先生一起请内地来的客人吃饭，每次她都会关照客人不要客气，尽量吃好吃完，这样赵先生才高兴，因为赵先生最看不惯摆阔浪费，如果吃不完，也一定会打包带回去。

凡此种种，已经不是刻意要节俭，而是成为赵先生的一种习惯。赵安中的克勤节俭影响了第二代、第三代，他们在教育子女如何做人方面管得很严，赵家整个家庭洋溢着勤劳节俭的家风。

（三）包玉刚：我哪能坐专机，我是吃咸菜、萝卜干长大的

尽管包玉刚早已富甲天下，但其低调而俭朴的生活作风保持了一生。虽然拥有最庞大的船队，自己却只有一条由渡海轮改装的游艇。他的生活方式其实极为简单：每天早上五点半起床，游泳 20 分钟，跳绳 100 下，风雨无阻。1981 年，他已拥有大型巨轮 20 多艘，总吨位 2100 万吨，子公司或代理公司遍布世界各地，成为名副其实的“世界船王”。他经常因业

务坐飞机。一次，有人问："你到国外是乘专机的吧？"他回答："我哪能坐专机，我是吃咸菜、萝卜干长大的。"

包玉刚曾经有一句名言，他说：在经营中，每节约一分钱，就会使利润增加一分，节约与利润是成正比的。一位在包玉刚身边服务多年的高级职员回忆道：在我为他服务的日子里，他给我的办事指示都用手写的条子传达。用来写这些条子的白纸，都是纸质粗劣的拍纸薄纸，而且如果是写一张一行的窄条子，他会把写的字撕成一张长条子送出，这样的话，一张信纸大小的白纸可以写三四张"指示"。一张只用了五分之一白纸的条子，不应把其余部分也浪费掉，这就是包玉刚能省则省的原则。

包玉刚的夫人黄秀英也过着非常俭朴的生活：应酬时穿着讲究一些，但平时在家里都穿着非常简单的衣服。家里上顿吃不完的菜，绝不允许倒掉，夫人第二天会自己把它吃掉。

脚踏实地，不慕虚荣，是包玉刚自己的人生信条，也是他对包家第二代的要求。包玉刚大女儿包陪庆上初中时，看到班里有的女同学经常换皮鞋，红的，黑的，十分羡慕，晚上回家便跟父亲提出也要买双新皮鞋。正在书房看报纸的包玉刚头也没抬，只是语气平静地问："告诉爸爸，你脚下穿的是什么？""是鞋呀！""有鞋还要买鞋？""可我们同学有好几双皮鞋嘛！""记住，鞋是用来穿的，不是用来摆阔的，有鞋穿就不用买鞋。"他夫人要给儿女们买鞋，就要求夫人买鞋子时要大一号，因为小孩子的脚长得快，今年穿着大一号，明年就正好了，后年还能凑合一年。鞋子的故事，是包家节俭精神的象征。

（四）王宽诚：生活作风一贯勤俭朴素

王宽诚（1907—1986），又名王文侠，香港实业家，浙江宁波人，是香港宁波帮杰出的代表人物。1937 年，王宽诚到上海开设维大洋行。抗日战争胜利后，他又先后在伦敦、纽约等地成立分公司。1947 年迁居香港，设立维大洋行（香港）有限公司，随后创立幸福企业有限公司及数十家有限公司，经营金融财务、地产建筑、国内外贸易等业务。

王宽诚个人生活作风一贯勤俭朴素，衣饰整洁，不吸烟，不喝酒，起居从不宽懈。他对自己处处精打细算，不摆阔气，不讲排场；坐的车也属平常型号；饮食只要可口，不求高级。他最厌恶浪费，在宁波设家宴时，一再告诫办事人员，单求经济实惠，不讲形式，他自己面前只备了两小盘乡土小菜，吃得津津有味。他平易待人，素昧平生的人有所求教，他也常在百忙中亲笔作答。曾有一庞姓大学毕业生希望自费出国深造，但无力负担，先生得知他品学兼优，又通过宁波的亲属证实了情况，便出资帮助他出国，还安排他在美国麻省理工学院对口入学。对亲友中子女无力升学的，贫病乏医的，王宽诚先生也愿承担资助。但他助人有一个宗旨，不论是哪一个至爱亲朋，若过度消费物品，或长期依赖，贪得无厌，他就一概婉拒，并谆谆教导：人贵自力更生，奋发自强。

他自己生活俭约，待客却很讲究，尤其是对从家乡去的人更是亲切热情。1984 年 6 月，王宽诚在华侨饭店设宴，曾说："……财产遗留给子女是最愚蠢的行为，我年将八旬，趁我精力还不衰的晚年，愿为培养人才方面多做些事……"

四、百折不挠，玉汝于成

宁波帮的创业过程曲曲折折，几经挫折，甚至失败，但他们经得起磨炼与考验，敢于拼搏，抓住机会，终成正果。

(一)赵安中，几度失意，但不失志

赵安中，1918年出生于宁波市镇海区骆驼镇，1932年到宁波江厦街承裕钱庄学业。在这里，他从一名上净茶、洗水烟筒的小学徒起步。1934年，赵安中因承裕钱庄歇业而学做保险业。1937年抗战全面爆发，赵安中也随之失业在家。1944年，他辗转温州、武汉、广州等地从事小本生意。1949年，身不由己的赵安中还是落脚香港。当时被命运抛掷到香港的赵安中举目无亲，全部财产除了随身的小件行李外，就只有20元美金、120余元港币，以及两枚值不了多少钱的戒指。所幸香港有一个朋友沈绍敏，给他提供了一个栖身之处。在沈绍敏的帮助下，不久，赵安中在"宏兴金号"谋得一职，职位卑下，薪水低微，但赵安中十分珍惜这个职位。他工作勤勉，待人诚恳，深得老板喜爱。1952年，赵安中兼任新生布厂会计，志向高远的他有意识地在工作之余广泛接触纱布生意，联络客户，参与布厂的原料采购和棉布推销工作，并开始接触对日贸易。1955年赵安中把妻儿接到香港。可好景不长，1956年，日本商行大举入港，堵死了赵安中的小本生意。万般无奈之下，赵安中只好进了日本的江商洋行香港分行当了一名小职员。1959年，他与朋友合作创办嘉丰纱厂，任董事、总经理。这是赵安中最早创办的实业，也是之后的荣华纺织有限公司的前身。由于缺少资本，机器设备陈旧，再加上他对纱厂的业务又是外行，因此从开工之日起就一直亏本，3年间纱厂从未盈利，身为败军之将的赵安中却仍痴心不改。1963年嘉丰更名为荣华纺织有限公司，1966年他独资经营荣华。到了1968

年，香港的纱厂业重新振作，赵安中的荣华公司也终于扭亏转盈。1973年，赵安中在印度尼西亚万隆创办纱厂。迁厂使荣华获得了枯木逢春般的新生机，经营良好，生意兴隆，棉纱供不应求。而几年后香港纺织业的大萧条，更验证了赵安中当年决断的英明。抓住先机的荣华厂从此渐入佳境，生意蒸蒸日上。从嘉丰到荣华的整整15年间，一直是资不抵债，个中滋味实非一般人所能体会。

（二）应行久：屡败屡勇，终成“大中集团”

应行久，祖籍浙江宁波镇海后施村，1914年3月出生。他的父亲应怀庆，此时已在上海经营一家规模不大的拍卖行。1935年，应行久21岁，考入上海沪江大学，在商学院攻读商科。

应行久几次创业，几次沉浮。他总是感慨地说：“一个人必须经得起磨炼与考验，这样才会有进步，才会有发展。”最终他跻身于美国十大华人财团。

1. 开展生活用品贸易，资财二次流失。

应行久大学毕业时，正值抗日战争时期，上海周围地区逐渐沦陷，但帝国主义在上海的租界仍维持现状，吴淞口出海处仍旧畅通，国际进出口贸易仍照常进行。不过，贸易业务却极度衰落，上海四周沦陷区的生活必需品非常缺乏。相对而言，租界的生活用品由于存货比较充沛，还是容易购买。应行久大学毕业后，在这种特殊的环境下，一时找不到合适的工作，他想，何不将上海的生活实用品运输到沦陷区去？于是，他将上海的布料、肥皂、汽车轮胎之类的货物购入后运往沦陷区，又从沦陷区运回上海需要的土产、木炭等。由于他的聪明、机智，经过两三年的悉心经营，他积累了不少资财。但是1944年底，应行久两艘满载货物的100吨帆船在航行途中遇上日本军队，结果，两船货物被洗劫一空。抗日战争胜利后，他重新开展运输贸易，不幸的是船只在海上航行时又遭海盗袭击，所有资财眼睁睁地被全部抢光，只留下一条性命。两次沉重的打击，使应行久多年辛勤操劳所积累的资财一再流失，但他承受住了考验，不胆怯、不气馁，从头做起，重整旗鼓。

2. 经营汽车，柳暗花明。

应行久从小喜欢汽车，这时，他又把注意力集中到汽车上。1946年，他在上海开设合众汽车公司、立人汽车公司，主要经营美国和法国的汽车，他担任美国通用汽车公司“奥司麻皮尔”“胖的克”“欧伯尔”和法国“雷诺”牌汽车的总经销。之后，在经销汽车行业上，应行久赚了一大笔钱，弥补了前一阵子的损失。

1948年，上海解放的前一年，市面萧条，产销停滞，利息高昂，物价飞涨，民不聊生，许多厂商行号都亏欠负债，不堪负担，随时都有歇业或倒闭的危险。应行久只好举家迁居香港，将房屋、地产、公司及商行留在上海。上海解放后，他将全部资产无偿地上缴给了人民政府。从此，应行久又在香港开始了新一轮的艰苦创业生涯。

1949年，应行久在香港购买了16辆汽车装运到台湾，满以为一定会和以前在上海做汽车生意一样很赚钱，可是，在台湾，每辆汽车须缴7000美元的牌照费，折合下来，一辆汽车本身价值只有2000美元，这样，不仅没有赚到钱，连香港运到台湾的运输费用还不够，应行久一下子把本钱都赔光了，几乎陷入绝境。在这进退两难之际，他决定去美国，靠双手打工挣钱养家糊口。就这样，应行久口袋里揣着仅存的600美元，和全家登上了飞往美国的班机。

3.重整旗鼓，再展宏图。

应行久刚到美国，两手空空，生活十分艰难。为了尽早摆脱这种窘迫的境地，他不得不在一位朋友的办公室里放一张办公桌，做点进出口生意，即“皮包公司”。一年下来，生活依然不能改善。这时，应夫人金玉堂决定瞒着丈夫自己出去打工。一天，应行久突然发现：家里经济虽然这么拮据，可是金玉堂出去打工，总是能买来做工很精巧、式样美观的假首饰佩戴。受此启发，应行久又雄心勃勃地另辟蹊径，他向友人借了2000美元，在纽约时报广场以每月200美元的租金租下一家小店，专卖假首饰，店名叫“幸运”。由他的太太金玉堂主持店务，从清晨开始一直到深夜，每天足足要干上十六七小时。金玉堂熟悉妇女的消费心理和要求，进货时就善于选择一些工艺讲究、款式新颖的假首饰，加上她接待顾客热情周到，商品价格低廉，很快就在当地赢得了信誉，受到消费者的青睐，慕名而来购买假首饰的人接踵而至。不久，应行久就撤回了在朋友办公室里开展进出口贸易的办公桌，将全部精力都投入“幸运”首饰店上，仅仅一年，就由一家首饰店发展到三家首饰店。他终于在美国找到了事业的新起点，开始进一步的发展宏图。

多次遭遇生活上的波折和事业上的起伏，造就了应行久顽强刚毅的性格和强烈的拼搏进取精神。他并不满足于既得的成就，始终如一地追求更高层次的发展，向多元化经营方向探索和延伸。时隔不久，他开始经营假首饰批发，远赴日本、中国台湾和香港等原产地采购假首饰，然后，一面仍零售假首饰，一面自己从原产地采购、再批发，经营范围也从开始时单一地销售假首饰发展到经营工艺品、东方礼品等，首饰店也改为礼品店。到 1959 年，应行久的礼品店已从 3 家发展到 10 家连锁店。1960 年，他还用 10 万美元在纽约时报广场顶层租下一家空店改建成礼品店，一举成功。

4. 瞄准世界博览会。

1961 年，应行久除了继续经营礼品店外，又把目光瞄准世界博览会。利用世博会的机会给他的礼品业务扩大宣传，促进推销工作。他看准了目标，抓住了机遇，果然取得了成功。

1973 年，他以惊人之举购下了纽约世界贸易中心——当时号称“世界最高的摩天大楼”的顶层第 107 层，装潢一新，开设幸运礼品公司。前往纽约的各国旅游者，都要登临摩天大楼最高层，极目眺望纽约这座大都市的风光，于是，礼品公司门庭若市，旅游者们纷纷选购一些礼品留作纪念，“幸运”因此生意兴隆、财源茂盛。

5. 经营领域由小礼品延伸到餐饮业。

随着公司经营规模的日益扩大，他又独资在纽约购下丰泽楼，经营中国菜肴，将公司的经营领域由小礼品延伸到餐饮业。他创办的大众集团也因此跻身美国十大华人财团之一。

1979 年 6 月，美东华侨商会举行全体会员大会，决定改组为全美华侨总商会，以促进中美贸易和中国的现代化，应行久被公推为全美华侨总商会董事长，成为纽约华人社会经济界中声誉卓著的代表人物，亦是美国十大华人财团之一大中集团的创办人。

(三)董浩云:胼手胝足,开创中国远洋航运史壮举

董浩云(1912 年—1982 年 4 月 15 日),又名董兆荣,出生于宁波定海县(今舟山定海区),年幼时移居上海读书和创业,后至香港发展。董浩云在创业中多次经受失败挫折,公司经营几次遇到困难甚至危机,但他坚持理想,不断追求,抓住机遇,终成航海业巨擘和东方海外货柜航运公司(OOCL)的创始人。

1. 辛勤工作,刻苦自学。

1928 年,17 岁的董浩云进入一家日本人开设的运输公司工作,一年后,他加入天津航运公司。初到天津,董浩云举目无亲,每日只知辛勤工作;业余时间,他就专注地啃书本。尽管没受过正规的大学教育,但董浩云凭自学掌握了英、法、日三国文字,并能运用自如。当时天津航业公司的老板注意到董浩云非同常人,有意栽培他。董浩云凭借自己的努力和才华,连年获提升,不到十年就荣任天津航业公司常务董事。老板又将自己的女儿嫁给了他。1931 年,董浩云被推选为天津轮船同业公会常务理事,后来又出任副会长,在航运界开始崭露头角。由此他白手起家,胼手胝足,开始了理想与成就的毕生追求,几十年间建立起一个拥有巨轮百艘、载重量超过 1100 万吨的航运王国。

2. 创办航运公司,被日本人接管。

1936 年,24 岁的董浩云创办了“中国航运信托”。该公司当时全部财产是一条千吨左右的小轮船。谁料公司成立的次年,抗战就爆发了,上海很快被日军占领。董浩云的“中国航运信托公司”也被日本人接管,公司倒闭。万般无奈之下,董

浩云辗转来到重庆谋生。

3. 抗战胜利后建起庞大船队。

挨到抗战胜利重返上海，他又重建“中国航运公司”，决心要实现自己的理想。抗战胜利后百废待举，世界重建需要运输大量的物资，董浩云瞅准这个机会，通过银行信贷，陆续购置了“慈航”“慈云”“天龙”“天平”“天行”等十艘轮船，建立起自己庞大的船队，一举成为中国当时最大的私人船东，自此开始了远洋航运事业。董浩云创业过程中创下不少历史纪录。1947 年，董浩云派出“天龙”号由上海开往法国，创下了完全由中国人独立驾驶跨越大洋的壮举。当时在中国航运界能驾驶巨轮漂洋过海的都是外国人，“中国航运”此举震动了航运界，也成了新闻界的重要新闻。1948 年，由中国人驾驶的“通平”号又成功地由上海抵达美国旧金山，成为中国远洋航运史上的又一壮举，董浩云一时名扬中外。

4. 公司船只被扣，面临财务困境。

1949 年，董浩云将公司迁到香港，成立了董氏航运集团。不久，朝鲜战争爆发，美国宣布对中国禁运，董浩云游弋在世界各地的船只也经常被扣押，经营非常困难。但是“勇于竞争，大胆创业”的董浩云没有被一时的困难吓倒，他积极地寻找机会。

5. 中东战争爆发，逐渐成为世界最大船王。

1956 年 10 月，第二次中东战争爆发后，苏伊士运河关闭，欧亚航线要经好望角，国际航运界运力空前紧张。董浩云时来运转，他的船队日夜穿行在大洋上，赚得巨额利润。董浩云趁机汰旧换新，增添了不少新船，“中国航运”的实力更强了。进入 20 世纪 60 年代，随着越南战争的升级，国际上对远洋轮的需求更殷，董浩云的船队也不断扩大，逐渐成为世界最大船王。

6. 发展集装箱运输，成为东方海外货柜航运公司(OOCL)的创始人。

董浩云对发展集装箱运输极感兴趣，他认为这将是货运业的一场革命。他率先将公司的七条旧船改为集装箱船。接着，又向日本船厂订造了七条新船，开办集装箱船业务。

20世纪六七十年代，正是世界经济大发展之时，全球对石油需求旺盛。董浩云也看准这个机会，大力发展运油业务。为此，他大举定制超级油轮，仅1969年，就向日本佐世保船厂定制了八艘22万吨的油轮。1973年成立东方海外货柜航业公司，1979年委托日本建造了世界上最大的超级油轮“海上巨人”号，总容量为56万余吨。1980年收购英国实纳斯惠实轮船公司和美国海铁太平洋轮船公司。1980年4月，董浩云以1.125亿美元买下英国第二大船业集团佛奈斯维公司，成为第一个接管英国大公司的华人。1980年12月19日，董浩云亲自主持了他向日本定制的、载重量为56.7万多吨的“海上巨人”号油船下水典礼。直到20世纪80年代中期，该油轮一直是世界上最大的超级巨型运油船。80年代初，董浩云购买了英国第二大航运公司——富纳斯公司，成为首个收购英国大公司的华人。董浩云的公司迅速发展。董氏集团的船队已达100余艘，不仅有集装箱船、散装货船和油轮，还有三艘高级豪华邮轮。集团下属“中国航运”“金山轮船公司”“东方海外货柜航运”三家航运公司，在东京、纽约、伦敦、新加坡、台北、洛杉矶、巴黎、里约热内卢等地均设有办事处或代理处。

董浩云不仅是世界船王，还投资金融保险业、石油勘探业和房地产业等，甚至拥有星马报业集团的股份，为其董事局成员。到 1982 年董浩云心脏病突发去世时，董氏集团已拥有各种干货船、集装箱船、油轮客船及散装船等 149 艘，总吨位达 1100 万吨，高出蜚声全球的希腊船王奥纳西斯近 1 倍。

《纽约时报》说他是“世界最大独立船东”。他留给世界一个最大的商船联合体，留给年轻人“海上学府”的船上教育模式，也把航运王国留给香港特区第一位最高领导人——他的长子董建华。

(四)忻元甫：艰辛创业，成为“公仔”玩具大王

1. 少年结下玩具缘。

1954 年，忻元甫出生于宁波鄞州区云龙镇冠英村。忻元甫的父亲是一位海员，常年在世界各地漂泊。攒下一些辛苦钱后，忻元甫的父亲就想着与家人团聚。1960 年，在忻元甫 7 岁那年，他与母亲及兄弟离开宁波来到香港，与离散多年的父亲团圆。这是忻元甫人生路上的一大转折。到了香港以后，虽然衣食无忧，但忻元甫为了减轻父母的负担，常利用节假日到附近的家庭式玩具作坊打工。孤身打工，虽然有时活儿又苦又累，但忻元甫丝毫没有退缩。除了祖辈们勇于打拼的精神在他身上得到延续外，似乎还有一种与玩具天生的缘分，常常让他在操作时浮想联翩，一些灵感和创意便在他小小的脑袋里萌发出来。因为他的机灵，从老板到工友甚至客户，大家都很喜欢他。

2. 三落三起创实业。

抱着能在喜爱的玩具世界里干出一片天地来的希望，1970 年，年仅 17 岁的忻元甫独立办起了一个家庭式的玩具

作坊。1974 年，世界石油危机爆发，原材料价格大幅度上涨，香港经济开始衰退，忻元甫不得不关闭苦心经营了 4 年的小玩具厂，又重返打工之路。

虽然小厂关闭了，但想当老板的念头一直没有消失。几年后，他又与人合作在广东顺德开厂。但当时交通不便，从香港出发，来回一趟要三四天时间，因此，只做了 9 个月就宣告结束了。

1982 年，忻元甫接到了一笔很大的订单，这强烈刺激了他重新办厂的欲望。那时，内地刚刚改革开放，深圳被确定为经济特区。忻元甫以他敏锐的商业眼光和对祖国的热爱，果断跨过罗湖桥，来到特区刚建成的西丽湖工业区创业，使玩具厂又重新开张，这是其创业成功的起点所在。

3. 艰辛创业。

忻元甫为了那笔订单，经历了前所未有的艰辛。创业之初，千头万绪，他又做老板又做工人，一个人竟担任了十几个岗位的工作：门卫、司机、销售、装卸、出纳、检验、研发……十几个岗位的工作都要做，开模、喷油、上色、点睛……每一道工序，他都亲自把关；他描画的动物和人物的眼睛炯炯有神，特别出彩，外商都竖起大拇指称赞。30 多套模具，但凡有一点点的偏差，全部要重开；一个配件出一点点的问题，都要报废。忻元甫和他妻子长年吃住在工厂，白天黑夜拼命干，有时甚至连家里的孩子都忘记照顾。除了工作的劳累，还有经济上的压力。有一次资金周转不过来，又遇到要发工资，忻元甫只好狠狠心动员太太把结婚时买的一条项链卖掉来发工资。

含辛茹苦，艰苦奋斗，换来的是其"永正"玩具品牌的发展坦途。紧接着，全美第二大餐饮连锁店 BURGER-KING 公司的赠品玩具、日本最出名的BANDAN玩具公司都纷纷要与忻元甫合作，世界著名的迪士尼公司也认可其为生产商之一，国外大的订单越来越多，忻元甫的事业渐渐辉煌起来。

1999年深圳特区建区20周年纪念日到来之际，在宝安区松岗街道大田洋工业区，投资1亿多港元、建筑面积达4.9万多平方米的“香港永正玩具厂”的新厂房落成。目前，“香港永正玩具厂”生产的公仔玩具，在该行业数量和品种名列世界前茅，公司年产值已突破2.5亿元。

五、新宁波帮，再续辉煌

改革开放30多年来，新一代宁波帮抓住历史机遇与区位优势，传承老宁波帮艰苦奋斗的创业精神。朱敏、张芝泉、张静章、李如成、郑坚江等新生代宁波帮人士不甘落后，创造出海天、雅戈尔、奥克斯、广博、帅康等一个个在海内外有影响力的新品牌，以一种全新的姿态叱咤市场，书写着新的辉煌。

（一）朱敏：硅谷创业，回国当伯乐

朱敏1948年出生在宁波，1967年高中毕业，1969年插队到市郊农村，1977年考入浙江农业大学拖拉机设计与制造专业。1981年，朱敏大学毕业后回到宁波，被分配进了冰箱厂。1982年，不安于现状的朱敏到浙江大学攻读管理学硕士。1984年，朱敏成为“文革”后第一批公派出国留学生，被派往美国斯坦福大学攻读工商管理博士，并第一次接触电脑。

谈及在美国的创业经历，朱敏记忆犹新。20世纪90年代初的一个暑假，斯坦福大学教室走廊上贴出了IBM招聘电脑高级工程师的广告，朱敏犹豫了很多天也没敢去报名。假

期快结束了，他看那广告还贴着，心一横就敲开了教授的办公室，自我介绍一番。没想到教授当场高兴地叫起来："就是你了。你怎么不早来？"

就这样，朱敏坐进了 IBM 公司的办公室，但他内心忐忑不安，因为当时的他对电脑还非常陌生。朱敏只好背地里恶补，向同在美国读电脑专业的儿子讨教，边学边干，最终得以成功完成 IBM 的项目。渐渐地，有咨询公司上门请朱敏担任专家，朱敏的事业渐入佳境。

20 世纪 90 年代初，互联网兴起，朱敏嗅到了其中的商机，和朋友共同创立了 FutureLaBs 公司。走过 3 年最艰苦的创业历程后，FutureLaBs 以 1200 万美元卖出。

1996 年，他再投巨资创立了 WebEx.com 公司，开发网络多媒体会议系统。目前全球 500 强企业中有 300 家是 WebEx 的用户。

2000 年，他的网讯公司在纳斯达克上市。2007 年，他将网讯公司以 32 亿美元的价格出售给思科公司，名声大噪。从此，朱敏艰苦创业的故事在国内被广为传播。

2005 年，朱敏回国创办了赛伯乐·中国投资基金，从此开始了在风险投资领域的发展。

2009 年 4 月 15 日，他投资的聚光科技成功登陆创业板，2001 年，他在该公司投资了 500 万元，上市后，投资的回报变成了 20 亿元。到目前为止，朱敏已经投资了不少项目，他也成为业界瞩目的风险投资明星。

（二）张芝泉：老当益壮，62 岁创业不算晚

天津赛象科技股份有限公司董事长张芝泉 1929 年 1 月

出生在象山，如今已是80多岁高龄。几乎所有的创业者都是从年轻时就开始打拼，但张芝泉不同，他的创业人生是从62岁开始的，而他创业的冲动来自于一次旅英经历。

1. 下定决心，开始创业。

1984年，张芝泉作为轮胎设备专家，被所在单位——天津橡胶公司派往英国邓禄普轮胎公司买设备，参与引进我国第一条子午线轮胎生产线。令张芝泉感到郁闷的是，当时他们采购的设备是邓禄普公司的二手设备，价格还特别贵，问对方一些技术上的问题，想多学一点都不行。当时张芝泉就暗暗发誓：总有一天，要让“邓禄普”来买中国人造的设备。在英国的8个月里，张芝泉仔细考察后发现，虽然我国的技术和设备与国外差距很大，但只要我们在原有基础上进行自主创新也并不是没有超越的可能。张芝泉是有心人，他暗暗下定决心：“外国人能做的，我们也能做。”

1991年张芝泉退休了，为了实现“外国人能干好的事情，中国人也一定能干好”的愿望和决心，他凭借几十年的经验和技术积累，投身到轮胎装备制造业，开始了他的创业之路。万事开头难。先是挂靠学校，从校办工厂起步。没有资料供参考，张芝泉和他的同伴就泡在轮胎厂的设备旁；为了全面掌握轮胎制造各个环节的工艺，这个60多岁的退休老专家，虚心地向二三十岁的操作工问这问那；没有加工设备，他就带着同事自己造……

2. 自主创新，赶超国际先进水平。

凭着顽强的毅力，张芝泉在第一年就造出了国内第一台电加热轮胎钢丝圈挤出联动生产线，并在国内引起轰动——这是中国第一台具有自主知识产权的子午线轮胎制造设备，它的诞生改写了中国轮胎企业制造子午线轮胎必须从国外引进设备的历史一页。

此后，张芝泉几经努力，连续承担多个子午线轮胎关键设备的国家科研开发任务，均取得了圆满的成功，这使得中国的子午线轮胎生产技术和设备赶上了国际先进水平。1999年以来，他的科研成果获得了大量的国家科技奖项，而让张芝泉高兴的是，2002年，当年卖二手设备给他的英国"邓禄普"找到"赛象"，希望订购一批设备。

如今，张芝泉创立的"天津橡塑机械厂"已经改制为"天津赛象科技股份有限公司"，他已是天津市有名的民营企业家。他创办的企业有600多位职工，产品"子午线六角型钢丝圈生产线"已进入第六代，并实现光机电一体化，至今仍是全国独家产品，远销海内外。他的企业已发展成为全国1000多家橡塑机械厂的领军企业。

"赛象"是乡愁的一种表达。说起"赛象科技"的名字，实际上是张芝泉乡愁的一种表达。这个很早就离开家乡的宁波人，仍不忘在自己一手创办的公司名字上带上乡音——"赛象"是宁波话"象山"反过来念的谐音。

(三)张静章：从江南农机厂到中国海天

1. 小农机厂，白手起家。

中国海天集团的前身是1966年在宁波北仑成立的江南农机厂，那时的江南农机厂还只是一个安家在破庙里的小五金厂。1970年，张静章任江南农机厂厂长。上任之初，工厂困难重重，人心涣散，所有的流动资金只有100元。没有工作台，没有机器设备，没有工人，没有资金——怎么办？他们从废墟堆里挖出石板，拼凑成工作台；从废品堆里捡来废弃的机件，再找人维修一下就是设备；男劳动力都在家种庄稼了，二十几位女工便是厂里的主力。工人们把农民摘下来的棉花去籽后卖掉，5 个月时间赚了 4000 多元，便是厂里的第一笔收入。工人们有的拿碗，有的拿米……凑在一块解决伙食问题。

农机厂是为农业生产服务，主要生产水泵、镰刀、锄头等农机用具。当时，张静章和手下的几个人开始拉业务，带着产品的样本及服务信息，四处奔走推销产品。台州去了，深圳去了，广州也去了……可能会有业务的地方，他们都去了。当时张静章的想法是：要不断攀登新的制高点。当时宁波水表厂的厂长，给海天带来了第一笔业务——做水表零件。一年后，企业创利已是上一年的 3.4 倍。面对初步的成绩，张静章没有满足，而是时时存忧患，因为挣扎中的成功，前途仍然难测。

2. 永不满足，奋力向前。

1972 年的一天，张静章偶然看到有人穿着一双塑料凉鞋。当时，他盯着那双鞋，脑子里就开始琢磨些做塑料的原材料。从此，他与注塑机结下了不解之缘。在那之后，海天从零开始生产注塑机。当时，全国已有不少其他的商家生产注塑机，张静章就定下目标：先在宁波做到最好，再向全省进军，最后推向全国。从 1972 年海天第一台 30 克注塑机的生产制造开始，30 克卧式液压油泵压机，400 克油泵压机，500 克、1000 克、6300 克、10000 克、20000 克等大中型注塑机相继问世。目前，他的企业拥有“海天”“长飞亚”和“天剑”三个品牌，是国家大型企业、中国塑料机械工业协会理事长单位、中国轻工机械协会副理事长单位，是联合国技术信息促进系统（TIPS）认定的中国优秀民营企业，并率先通过了 CE 认证、ISO 9001：

2000 版质量体系认证。目前集团公司拥有总资产 100 亿元，资信状况 AAA 级，2011 年实现产值 104 亿元。海天公司以其产品的优质、高效、节能、档次高、经济效益好而闻名于全国塑料机械行业，海天注塑机如今遍及全国各省、市，国内市场占有率大型注塑机在 60%以上、小型注塑机在 15%以上，企业整体实力及各项经济指标连续 11 年在全国同行业中名列首位，其已成为中国目前最大的注塑机生产基地，注塑机产量世界第一。

张静章曾说，在我有生之年，一定要把产品打入美国市场。1989 年出口第一台注塑机；20 世纪 90 年代，张静章把注塑机带进了芝加哥展览会，这是中国第一台在国外展出的注塑机。海天牌注塑机已被对外贸易经济合作部确认为“国家级重点支持和发展的名牌出口商品”，其产品还出口欧美、东南亚等几十个国家和地区。2006 年 12 月 22 日，海天集团旗下的“海天国际”在香港联交所主板上市。

3. 清正廉洁，勤俭节约。

张静章把以 100 元起家的小五金厂发展成注塑机行业排头兵的股份公司，与他的个人精神和作风是分不开的。他一直履行创业之初勤俭节约的作风，治厂严，管厂更严，本人也坚决做到不抽烟、不喝酒、不赌博，这对一个事业有成的企业家来说难能可贵。张静章一年到头以公司为家，忘我工作，坚守清正廉洁的本分，保持勤俭节约的习惯。他常说：“钱够用就行了，每年都可以赚来的。”海天公司实行厂长负责的集体承包制，按上级主管部门规定，因海天公司年年超额完成指标，总经理可以拿一笔高额奖金，可他却坚持只拿了极少的一部分，把大部分奖金留给集团发展生产和奖给企业中层干部及职工中有突出贡献的有功人员。1993 年海天成立股份公司时，他把企业多年积下来的 626 万元奖励基金以股金形式分发给全体工人，而他自己却只拿了极少的一部分。近几年，张静章少说也让掉了百万元奖金。他千方百计为职工谋利益，唯独没有考虑他自己。正由于张静章人本主义的管理理念，职工的工作热情被充分激发出来了，工人们将个人发展与个人价值的实现与公司宏观目标的实现有机结合起来，每一位员工都因自己是“海天人”而自豪，而这也有效地促进了海天的发展。

(四)李如成：全国功勋乡镇企业家

李如成，1951 年出生，浙江宁波人，大专文化程度，雅戈尔集团董事长、中共党员，第九、第十届全国人大代表，荣获全国功勋乡镇企业家、全国农业劳动模范、浙江省“跨世纪十大杰出改革家”及“十大风云甬商”称号。

1. 白手起家，率先改制。

1979 年，李如成以仅 2 万元的知识青年安置费起家，创建了宁波青春衬衫厂。曾经的青春衬衫厂只是宁波众多服装企业中不起眼的一家，但是它紧紧抓住了发展的机遇。李如成厂长始终走在时代前沿：在宁波率先实行计件工资制、承包责任制；1988 年成为宁波市乡镇企业中第一家股份制企业；2001 年建成世界上规模最大、设备最先进的综合性服装生产基地；自 2007 年率先扛起了中国服装企业兼并国际服装巨头的大旗，迅速成为行业的领导者。

2. 勇于变革，不断创新。

雅戈尔在变革中不断壮大，从横向联营到中外合资，从股份制改造到资本上市，随着时代的节点不断变革机制、文化及市场。雅戈尔也是一个注重创新的企业，在衬衫领域屡破技术瓶颈，连摘"国家重点新产品"桂冠；从横向联营到自创品牌，连续十多年占据全国市场占有率首位；在新材料、新面料的运用和研发上颇有建树，从火炬项目到重点火炬项目，从市级高新技术企业到国家级高新技术企业。他们还在这条创新之路勇往直前。

3. 勤奋诚实的道德理念。

雅戈尔崇尚"勤奋诚实、正直善良、富而不骄、满而不溢、谦而不卑、刚柔相济"的道德理念。勤奋诚实、正直善良是深受雅戈尔尊崇的品格，也是企业立足社会的道德基础，雅戈尔以"创国际品牌，铸百年企业"为使命，用良好的心态去面对过程的曲折与坎坷；富而不骄是因为雅戈尔的最终目的不是财富；满而不溢是指心胸有多宽广，雅戈尔事业就有多大；谦而不卑，刚柔相济，雅戈尔在任何时候都保持一颗谦和的心，志得意满时不沾沾自喜，身处逆境时不自怨自艾，在原则问题上坚持立场，在方法上保持适度的灵活性。

4. 多元化并进，专业化发展。

经过 30 多年的发展，雅戈尔逐步确立了以品牌服装、地产开发、金融投资三大产业为主体的多元并进、专业化发展的经营格局，成为市场网络遍及全球各地，拥有 5 万余员工的大型跨国集团公司，已是中国服装行业的一面旗帜，其销售和利润总额已经连续 7 年稳居全国同行首位。2011 年集团实现销售收入 360 亿元，利润总额 33 亿元，进出口总额 27 亿美元，上缴税收 29.69 亿元。总资产近 600 亿元，净资产 160 亿元。现在，雅戈尔每年向国家交纳的税款就将近 2 亿元。同时，雅戈尔还以良好的企业公民形象多次登上“福布斯慈善榜”，获评中国慈善事业突出贡献奖，连续两年入选“胡润企业社会责任500强”。

（五）郑坚江：宁波奥克斯集团董事长、总裁

一家从田间地头成长起来的企业，在20多年时间里，完成了从乡办钟表零件厂到中国企业500强的巨变。

1987年，还是汽车修理工的郑坚江毛遂自荐，承包了一个只有七八个人，负债却高达20多万元的龙观乡钟表零件厂，开始生产电视机天线、电能表罩壳等产品。

1. 掘到了第一桶金。

1991年3月，通过为其他企业配套生产电能表罩壳，郑坚江看到了整机的市场潜力，遂斥资400万元进入电能表整机制造领域。短短四五年时间里，企业共生产了1500万台电表，抢占了国内市场40%的份额，并累积了近亿元的身家。

2. 组建宁波三星集团。

1993年7月，郑坚江开始组建宁波三星集团，并成功使三星进入国家级乡镇企业行列。1998—1999年，三星电能表被列入国家经贸委第一批、第二批《全国城乡电网建设与改造所需主要设备产品及生产企业推荐目录》。1999年8月，三星DD20系列长寿命电能表在国内同行中独家通过中国电科院最高使用寿命为26.6年的长寿命检测。

3. 低价杀入空调市场。

1994年，郑坚江又把目光瞄向空调。他以低价为武器杀入市场，仅用了4年时间，就使奥克斯空调跻身国内空调业三强之列。

10多年来，郑坚江把一个负债20多万元的小厂打造成了拥有固定资产25亿元、年销售收入达30多亿元的宁波三星集团股份有限公司，携“三星”电能表和“奥克斯”空调两大品牌，成为全球最大的电能表制造商和中国空调业雄霸之一。

4. 不断超越、永不满足。

目前，奥克斯集团拥有总资产151亿元，员工2.2万余名，产业涵盖电力、家电、通讯、地产、医疗、投资六大领域，在宁波、南昌、上海、天津、深圳、东莞等地建有七大产业基地。年产能达到空调1000万套、小家电200万套(OEM)、电能表2500万只、变压器600万千伏安、手机1000万部。集团为中国500强企业、中国信息化标杆企业、国家高新技术企业，并作为国家工程技术中心和国家级博士后工作站的常设单位，拥有“三星”和“奥克斯”2项跨行业中国驰名商标和2个中国名牌产品，拥有1个国家科技进步二等奖、8个国家级科技项目、667项专利。顺应国家产业扶持政策配置内部资源，奥克斯集团以管理创新、技术创新、产品创新为突破口，保证企业健康成长，2011年实现销售收入321亿元，同比增长23%，位列中国500强第284位。

“白手起家，创业创新”是宁波帮的根和魂。我们传承宁波帮精神，就是要继承“天行健，君子以自强不息”的立业观，继承不畏艰辛，敢担风险的创业观，弘扬敢为人先，百折不挠的创新观，把宁波帮精神融入当代社会核心价值观的构建中，推进经济发展、造福社会、造福人民。

第二章 勇闯自主创新之路

一个商帮历经三百余年兴盛不衰，一定拥有“能够不断地适应世界变化的核心价值观”，比如宁波帮的开拓进取精神。

宁波帮在中国经济史上创造了许多第一，比如创办第一家民办的商业银行、第一个近代工厂，买进第一艘轮船等，这些“第一”不胜枚举。所谓“第一”，就是敢为天下先，就是开拓，就是创新。

但是宁波帮的开拓创新，不是盲目冒险，是稳健地进取。包玉刚把自己做生意比喻为“坐着带篷的马车”。马车要不停地在崎岖的路上奔驰，但要竭力避免掉下马来。

宁波帮的稳健开拓，建立在四个“敢于”的基础上：敢于接受最先进的科学文化，敢于吸收最先进的经营方式，敢于采纳最先进的科学技术，敢于投入最新式的产业。在这四个“敢于”的基础上，宁波帮勇敢而自觉地完成了许多转型。如钱庄向银行的转型，沙船向轮船的转型，旧经营方式向股份制的转型。就像春蚕脱壳，化蛹为蝶，每一次转型都使自己前进一大步。

可以说，开拓创新，是宁波帮长盛不衰的奥秘所在。

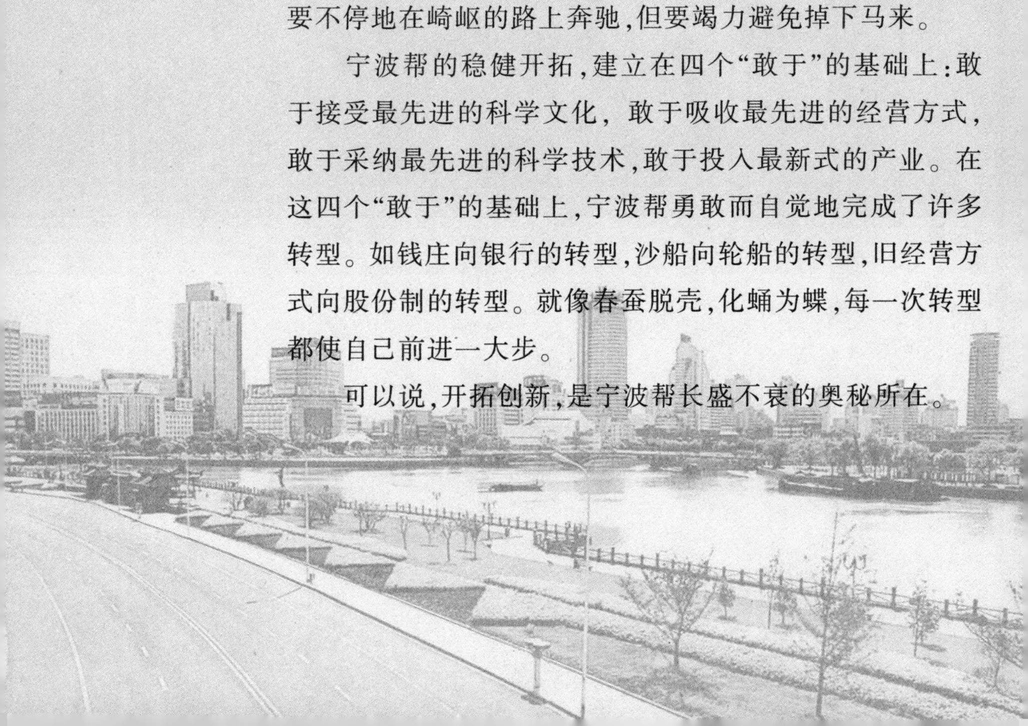

一、把握脉息，创新求进

全面考察宁波帮人士成功创业的发展历程，在传统的道德精神之外，还不难发现凝结在这一群体身上的与时俱进、开拓创新的“现代人”的精神气质。他们敢于向创新要效益，以创新求发展，这才有了事业的辉煌。

“要窜头，海三湾。”这是句宁波老话。它诠释了宁波商人想发迹就得走远路、闯世界的开拓精神。早期外出闯天下的宁波人，怀揣的只有“三把刀”(剃刀、菜刀、裁缝刀)，但是他们不因循守旧，不墨守成规，靠着灵活的经营手段、开拓创新的理念，敢于第一个吃螃蟹，照样成为时代的弄潮儿。

今天，低调的宁波商人们沉默依旧，却掩饰不住“敢为天下先”的商业特质。

大至工业机器，小至螺帽螺丝，他们几乎无所不干、无所不通……很难为这样一群商人和企业做出准确的定义：他们中的大多数创业时几乎一无所有，但是他们总是演绎着资本的神话；他们很少有骄人的学历，甚至出身低微，但是他们的企业总是驰骋全国乃至全球；他们扎根于宁波，但是他们的眼睛始终关注外界，他们的步伐紧跟甚至领先潮流……

“淘尽狂沙始见金”——他们搭准市场脉搏，善于审时度势、抓住机遇，有大浪淘沙的雄胆伟魄。也许是梯山航海的冒险生涯，培育了他们“性机警，有胆识”的性格特征，故其“经营商业也，不墨守成规，而能临机应变”。早期外出闯天下的宁波人，大多怀揣“三把刀”，如果没有灵活的经营手腕，是根本难以立足于险恶市场的。他们历尽艰辛渐成大器之后，更表现出纯熟地驾驭市场的高超本领。宁波帮人士不仅经营药材业、钱庄业等传统商业，更在传统商业日渐式微之际，及时调整经营行业，表现出极强的应变能力，从而牢牢地掌握了市场的主动权。他们紧紧抓住国门洞开的历史机遇，或用渗透法，或用转轨法，或新立门户，纷纷由传统商业向近代化发展方向挺进。当全新的资本主义新型商品经济叩响中国大门之时，他们目光远大地把大量的资金投入近代实业，实现商业和产业的结合，从而完成了新旧经济的历史转型。如中国化学工业社创办人方液仙不顾其父亲的反对，毅然投资当时新兴的日用化工业，改变了方氏家族传统行业（钱庄）的旧模式。此类实例在近代宁波帮创业史上不胜枚举，即便是 20 世纪 40 年代后期，移居海外谋求发展的宁波帮商人，也始终以敏锐的眼光和超人的意识，做出常人难以想象的决策，使自己的财力陡增，事业腾飞。王宽诚曾深有感慨地说："一个生意人光盯在具体业务上是干不出什么大事业来的。我这辈子最大的体会是，搞经济必须要有政治头脑。就是说，要胸怀全局，要有战略思想、长远眼光，随时要耳听六路、眼观八方，善于适应各方面的变化，大胆果断地捕捉战机，把握机遇。"

"芳林新叶催陈叶"——他们不因循守旧，不墨守成规，有革故鼎新的开明思想。如在上海发展的宁波籍钱业巨头秦润卿在担任豫源钱庄（后改组为福源钱庄）经理后，不为旧观念所束缚，改变了一般钱庄只做信用放款的成规，增加了抵押放款的方式；废除钱庄烦琐的老式记账制度，采用了新式的复式会计制度，经营方式向银行靠拢。他们总是最早乐于接纳现代的东西，尽可能地在旧模式中注入新的内容，甚或干脆大胆地弃旧迎新，用新生事物来荡涤旧的观念。正是宁波帮这种努力超越传统社会所规范的商业运作轨道而趋向现代化的意识，为中国社会经济的近代化做出了巨大的历史贡献。

“弄潮儿向涛头立”——他们不是逸出和疏离时代变革发展的基本潮流，而是顺应了时代的要求，领风气之先，成为时代的弄潮儿。他们敢于第一个吃螃蟹，敢为天下先，创下了许多第一。如1908年宁波籍商人集资在上海创办了四明商业储蓄银行，这是中国近代金融街最早的民办银行之一。1920年，虞洽卿创办了上海证券物品交易所，成为近代第一位涉足证券市场的中国商人，而证券市场的出现，又是中国民族资本主义工商业走向成熟的第一步。再以西服业为例，随着“西服东渐”，传统中式服装日益显露出它的陈旧气味，于是红帮裁缝敏锐地抓住了这一历史机缘，与留学生和革命党人紧密合作，奏响了中国近现代服饰改革的序曲。不但如此，他们还放眼世界，在认真的比较中看出峨冠博带、巨袖长袍的旧式服装已不适应时代的需要，日趋淘汰，而西服有蒸蒸日上之势，于是在中国近代服饰变革的关键进程中，红帮这个裁缝群体不仅充当了排头兵，更是在“商战剧烈之世界”成为催动中国服饰变革的主要生力军。正是这种“弄潮儿向涛头立”的雄胆伟魄，托起了宁波帮的历史丰碑。

二、注重乡谊，团结互助

宁波帮具有较浓厚的地缘、血缘、业缘色彩，有着基于地域群体意识的强大凝聚力，特别注重乡亲乡谊。正如《鄞县通志》所说，甬人“团结自治之力，素著闻于寰宇”。宁波商人曾遇到几次大风险，都是靠同乡互助互济才渡过难关。这种亲邻相帮、同乡扶持的互助风格代代传承，使宁波帮不断发展壮大。

据《鄞县通志》记载，甬人“团结自治之力，素著闻于寰宇”，这种强烈的地域群体意识的凝聚力，并非一朝一夕形成的。从宋代开始，宁波人士就已经强烈意识到自己的意愿和目的，单凭个体是难以实现的，需要将自己与具有同样意愿和目的，且可以协作的主体，或与在利益等方面可以互补的主体联结起来，通过整体性的活动，走向一定的目标，于是他们由交游、共学、结社，乃至联姻，通过师缘、血缘和乡缘关系组成绵密的人际网络，彼此相互激荡影响。这种具有浓郁地区性特点的士风，或隐或显地代代延续着，地域主体在交互过程中的社群意识，犹如神奇的遗传基因，发展到明末，由政治、文化领域更进一步向商业领域拓展，并由本地延展至外埠，有力地保障着地域主体的利益，成为近代宁波人到处扎根的力量源泉。而就其深层意识而论，还是儒家的义利观起着精神上的纽带作用。

考察近代宁波帮的集群组织，其中不乏以血缘家族和宗族伦理为核心而形成的组织，基本都是世传的家业，他们经营的工商企业，具有浓厚的家族本位色彩。通过互通信息、彼此照应和扶持的网络，带动整个宗族取得事业上的更大成功。但影响更大、特色更显的还是以乡缘、业缘为纽带的群体。以红帮的兴起为例，鄞南姜山、茅山两镇“习西帮裁缝”而起家者，“一人倡之，百人和之，相率而成风。沪汉各地，凡为西帮裁缝者，不问而知为南乡人”。这种一地以同一行业见长的现象，实际上是同乡互助、一倡百和的结果。其中不少人后来成为宁波帮巨子的代表人物，其立业之初，都曾得到同乡的重要帮助，这正如法国学者白吉尔夫人指出的，“乡谊情感是个人只身跨入激烈竞争环境的前提”，多少大亨在成功之初，“得到早在上海定居下来的同乡的具有决定作用的帮助”。

毫无疑问，早期的个体甬商在外地奋斗时饱尝着孤独艰辛，而且随时都会遭遇覆灭败亡、孤立无援的危险，于是他们充分意识到“外界刺激”后“合群”的必要性。随着外出经商的宁波人的相对集中，基于同根同源、血缘乡情天然所具有的亲和力，各种宁波同乡组织也就开始陆续出现。清光绪年间有宁波人自豪地说：“京师会馆以数百计，公车之事借以栖息其间。吾郡府馆外，鄞、慈、镇海并有县馆，皆赖诸先达拮据经营，而富家巨室往往邮寄多金，共襄厥事。以故四方之人谓相依之厚，莫若吾乡也。”宁波人在北京设立的会馆之多，足以说明乡土的凝聚力之牢固。从19世纪下半叶起，宁波人经营钱庄的一个特点就是同业间互相联系十分密切，表现为各钱庄的股东往往是互相交叉，以及钱庄为了更好地保持同业的钱庄往来，经常在对方钱庄存有款项。所有这些，都使得各钱庄之间利害关系密切，团结协作、荣辱与共的互助精神加强，这大大增强了抵御经营风险和政治等非经济因素干扰的能力。在上海，四明公所及稍后的宁波旅沪同乡会，促进了各行各业甬籍人士的感情交流，形成了强大的社会群体网络，也迸发出强大的凝聚力量。在沧海横流的时代，一次次危难中的表现，真正显示出宁波人的互助本色。宁波商人曾自豪地说：“吾甬人所以能事必有成，成功显著者，则系于团结之坚，组织之备，一遇有事，即能互相呼应，踊跃争先，以收其合作之效。”

近现代以来，宁波商人以“无宁不成市”著称于世，“注重乡谊，团结相帮”是其特有的标识，旅沪宁波人亲邻相帮、团结协作，在上海乃至全国传为佳话。“宁波人所到之处，必有集合其同乡，组织一帮或一会社，以谋互助发展”，其仅在上海一地就建立了四明公所、宁波旅沪同乡会、镇海旅沪同乡会、奉化旅沪同乡会、定海旅沪同乡会及三北同乡会、金塘同乡会等同乡团体。这些同乡组织皆以“谋取同乡福利”为己任，都是“团聚精神的象征”。

综上所述，宁波帮的人文精神可以概括为：在经营和发展中，有着审时度势、观察局势的敏锐，见微知著、善于应变的灵活，奋力进取、甘冒风险的勇气，勤于钻研、精通业务的精明，与时俱进、开拓创新的胆魄；在利益关系的处理上，受儒家义利观的深刻影响，有言出必行、诚信为本和克勤克俭的道德自律；在人际关系上，有以商行德、以德经商的诚信和以血缘、地缘为纽带形成的协作扶助、团结自治、乡情恤睦、报效桑梓的情感。

三、超越传统，创新求变

宁波帮历来“具敏活之手腕、特别之眼光，不墨守成规，而能临机应变”。开放通商的近海环境造就了历代宁波人开阔的视野和不断进取的精神。不少人不愿固守本乡，勇于闯荡天下，敢当“弄潮儿”，“足迹几遍于中国”。他们以不甘人后、永不言败、敢于开拓、善于创造的气魄，创造了可载入中国史册的近百个“第一”。

宁波帮自清乾嘉以来，形成若干支柱行业：以南北号沙船为代表的贩运业，以北京四恒号钱庄为代表的金融业，以北京同仁堂药店为代表的药材业，以北京慈溪籍成衣匠为代表的服务业，以苏州孙春阳南货铺为代表的杂货业，以民信局为代表的民间邮递业。这些传统行业，在清末已经规模大成，声誉卓著。但勇于开拓的宁波商人，并不满足于此，他们锐意改革，创新求变，在 19 世纪与 20 世纪之交，成功地超越传统，完成了自身的现代转型。

金融乃“百业之首”，通常都以为山西票号“海内最富”，其实，清末宁波帮的钱庄已经毫不逊色。镇海郑氏十七房的郑世昌(1644—1728)“承父命外出经商”，康熙年间在北京东四大街开设“四恒银号”，历久不衰，地位举足轻重。而在上海钱庄业，甬商也是一言九鼎。清末上海钱业界有九大家族，宁波人占其五，即镇海方介堂家族、李也亭家族、叶澄衷家族，慈溪董耿轩家族，鄞县秦君安家族。辛亥革命期间，沪上钱庄大批倒闭，第二年仅存 24 家，年底增至 28 家，资本 110.8 万两，其中甬商 11 家，资本 51.4 万两，所占比重分别为 39.3%和 46.4%。而且，上海钱业工会理事长一职，秦润卿担任了 18 年之久。与此同时，宁波钱商还卓有远识地看到，钱庄、票号、典当等旧式金融必将被银行、保险、证券、信托投资等现代金融所取代，于是审时度势，捷足先登。1897 年，国人创办的第一家现代银行——中国通商银行成立，其业务经营大权就是由严信厚、叶澄衷、朱葆三等人掌控的。而中国证券业、保险业的开拓者，也是宁波帮。1905 年，当国人还分不清保险与保镖的差别之时，朱葆三已投入巨资，在上海开设华安水火保险公司。1920 年虞洽卿、盛丕华、赵家艺等人组建了上海证券物品交易所，这是国人经营的第一家证券业，年底分红每股2.5元，平均年利率达48%，令众商羡慕不已。1935年的全国银行年鉴显示：当年全国共有银行134家，除了官办与境外银行，其余102家商业储蓄和农工等专业银行，共拥有资本11751万两，其中同宁波籍人士有关的为48家，资本5310万两，家数和资本额分别占47.1%和45.2%，在有价证券投资和银行兑换券的发行方面，则分别占39%和56.1%。这一连串的数字，雄辩地证明了宁波帮在中国金融业的地位，而甬商那些需要巨额资金、有赖于金融支撑的航运业、银楼业、进出口贸易、房地产业，也因此得到长足发展。

宁波帮南北号沙船贩运业，清代中叶已经实力雄厚，并于咸丰、同治年间达到鼎盛，太平天国运动使各省陆路交通受阻，南北号甬商几乎独占沿海南北货物贸易。当时海盗横行，宁波北号股东还出资7万两白银，购置"宝顺"轮为沙船护航，这是我国航运史上第一艘华商轮船。而且，他们极善未雨绸缪、占得先机，沙船余势未衰，即看准机械轮船必将独领风骚。1895年，宁波绅商集资创办的外海商轮局和永安商轮局，成为我国最早以华商名义创办的轮船航运企业。1913年，虞洽卿在宁波轮船公司的基础上，又独资兴办三北轮埠公司，到1935年拥有大小轮船65艘，共计9万多吨，占当时我国轮船总吨位的13%。

北京的宁波帮成衣匠，据说能"相体裁衣"，根据顾客的体型、个性、职业等特征，制成大小合身的衣服，因而声名远播，顾客盈门。在中国服装发展史上，"宁波裁缝"创下了四个第一：1896年，奉化人江良通在上海北四川路8号开设和昌洋服店，是中国第一家西服店。1904年，革命志士徐锡麟到上海，请红帮裁缝王睿谟用国产哔叽布做西服，王睿谟用手工一针一线制成这第一套国产西服。1911 年，红帮裁缝张方诚受孙中山委托创制国服，设计为五粒纽扣，隐喻孙中山倡导的五权宪法，直翻领、四贴袋、胸前两贴袋为倒山型笔架势，象征革命需重视知识分子，此为第一件“中山装”，从此风靡全国、久盛不衰。1933 年，红帮裁缝顾天云出版了中国第一部西服理论著作《西服剪裁指南》，并亲自免费教授，培养了大批高手。有人说过，宁波是中国近代服装的发祥地，红帮裁缝率先改革原有的成衣工艺，引进制作西服先进技术，以机器批量生产取代传统的手工缝制，从而把我国的成衣业转换成了服装业。

鸦片战争后，西方洋货包括日用品大量涌进中国市场，头脑活络的甬商，便纷纷将苏广杂货铺改为洋广杂货铺，经销煤油、火柴、蜡烛、肥皂、卷烟等日用杂百货。叶澄衷独家包销美孚火油，仅此一项，年获利润 10 万银两。财力雄厚者，干脆自己办厂生产，与洋货竞争。著名的有号称“火柴大王”的刘鸿生，生产固定肥皂的项松茂，生产三星牙膏、三星蚊香的方液仙，生产亚字牌电灯泡的胡西园，生产三角牌毛巾的陈万运、沈九成，专营烟草生意的邬挺生，等等。

宁波帮不仅锐意改革，超越传统，而且敢为人先，勇于开拓，以超人的胆识，涉足“西风东渐”所带来的新兴行业，取得了非凡的成就。首先是做进出口贸易的买办。买办业原以粤商为主，自从甬籍买办穆炳元、杨坊脱颖而出，宁波人便后来居上压倒粤商。民国《定海县志》写道：“充任各洋行之买办即所谓康百度者，当以邑人为首屈一指。其余各洋行及西人机关中之充任大写、小写、翻译、跑街，实亦繁有徒。”这里还需要特别注意：宁波人素有抗击外来侵略势力的光荣传统，曾经抗倭、抗英、抗法，所以甬籍买办往往先是做外商代理人，后做民族资本家：一面虚心向西方学习，一面将学到的知识应用于民族经济的发展。宁波帮对于传统行业的超越，便主要出自那些著名买办之手。

其次是洋货业。据1888年1月31日《申报》称："本埠生意第一获利者为洋货，而洋货之中以洋布为最，洋杂货次之。"当时上海最大的一家专营英美进口布匹等原件的批发店——大丰洋布号，就是宁波人翁景和创设的，每年营业额达二三百万银两。洋杂货品种繁多，包罗万象，其中五金和颜料不久独立成业。上海第一家五金商店——顺记洋杂货号(老顺记)，就是叶澄衷在1862年开办的，接着又派生出南顺记、新顺记等38家五金店号，人称"五金大王"，并且培育了大批通晓五金业务的人才，活跃在沪、津等地。后由严义彬、虞洽卿等人集资创办的祥大源五金号，几乎独占了20世纪前期上海市场五金进口贸易。颜料是另一大宗进口货物，而被称为"颜料大王"的，便是宁波人周宗良。他长期担任德国染料在华总推销人；同时又独资设立周宗记颜料号，各大城市均有分号。很多宁波人跟着他做颜料生意。

此外，还有很多新兴行业，都留下了宁波人的足迹。比如，孙梅堂的钟表眼镜行，鲍咸恩、鲍咸昌等人的印刷出版业，邵氏兄弟、张石川和黄楚九开设的电影娱乐业，周祥生的"祥生出租汽车"，以及电灯、电话、煤气、自来水等公用事业，大都是宁波商人率先投资的。另有一些崇尚"实业救国"的宁波人，则创办了一大批著名的工厂企业，如大中华橡胶厂、中国化学工业社、天厨味精厂、亚光制造公司、华生电器制造厂、华孚金笔厂、信谊药厂、中国钟厂、章华毛纺织厂、亚浦耳电灯泡厂等，成为近代工业企业家和新型商人。

晚清民国时期，宁波帮在人才、行业、资金方面的优势得到充分发挥，并以合乎时代潮流的新兴行业为经营重点，完成了由传统向现代的转型，经济实力空前强盛，在业内举足轻重，达到了鼎盛时期。

中国人很少把商人看作具有独立人格的阶层或者群体，甚至连商人自己也多是如此。有人指出，之所以出现这种状况，既与中国历史上长期的重本抑末思想和士农工商的排序有关，也是中国社会长期的不良的商业环境使然，还可以归因于中国民族性格中的劣根性。

正如历史学家费正清一针见血指出的："中国商人的心理状态与我们古典经济学家所赞美的西方企业家的以为理性状态大不相同……按照中国的传统，经济生活中的人经营得最得法的，不是依靠增加生产，而是依靠增加他在已生产出来的产品中的可得的份额。他愿意靠他在竞争中直接胜过他的同伙来发财致富，而不是依靠征服自然或更多地利用自然资源或使用改进的技术，来创造新的财富……从事创新的企业，为新产品争取市场的推动力，不如争取垄断，通过买通官方取得市场控制权的推动力来得大。中国的传统做法不是造出较好的捕鼠笼来捕捉更多的老鼠，而是向官府谋取捕鼠专利。"

这就不难理解为什么许多商人在凭自己的勤劳精明发家致富后，大多并不热衷于考虑怎样去进一步扩大再生产规模，以获取更多的利润，而是将较多的精力花费于官场逢迎，捐纳功名，"援结诸豪贵，借其庇荫"。他们为了保护自己的商业利益，只能进行各种方式的政治投资，最终成为政治的附庸。明清时期利倾朝野、鼎足华夏、盛隆一时的徽、晋商帮中的诸多富商，往往借此形式财运亨通、富甲天下。然而，正是这种“向官府谋取捕鼠专利”的不正常经营方式，不可避免地削弱了其自身的发展潜力与动力。以明清时期的晋商而言，明初晋商借明朝统治者为北方边镇筹集军粮而崛起，入清后又充当皇商而获得商业特权。可以说，明清山西商人始终靠依托封建政权，凭借封建政府赋予的种种特权或好处而兴盛。但当时局变迁，当经济的发展需要更多的技术因素及先进的理论意识时，他们便无法胜任其角色变化，最后不可避免地走向衰败。

这也是宁波帮之所以成为中国十大商帮中硕果仅存者的重要原因。

遵纪守法但不依附于政治，尊重但与政府保持一定的距离，是宁波帮独立商人意识的表现之一。

宋汉章主张“在商言商”，而不屈从于政治或者政府，不依附于江湖黑道，宋汉章自己就是一个身体力行的榜样。

宋汉章在业内名望之高，几乎无人可以企及，原因之一是他在执掌中国银行几十年中表现出来的在商言商、不畏强权的商人品格和独立不羁的人格。在中国银行上海分行工作期间，宋汉章曾经三次冒着杀头的危险为行中客户的利益抗命。他每次与之抗命的都是大人物：第一次是陈其美，第二次是袁世凯，第三次是蒋介石。宋汉章“宁可刑戮及身，不忍苟且从命”，始终坚持反对政治与金融联姻的经营理念。

无独有偶，笔者在新甬商的身上也看到了这种意识的觉醒。改革开放以来，我们看到了许多沉痛教训，个别政府官员盲目追求政绩，违背客观规律一味要求企业做大做强，最后却要企业自己为失败买单。鉴于这种教训，有位身家百亿的新甬商这样告诫同行和同事：与政府只能交朋友，不能做亲家。

宁波帮独立商人意识的表现之二，坚守等价交换、公平竞争，追求民族自由。这在海外宁波帮中表现尤为突出，在他们眼里商业社会只有“竞争”，没有“斗争”，只要不违法，不违警，政府不横加干预，商人就可以自由发展，这也是海外宁波帮能够取得辉煌成功的原因之一。

四、铸就商海新优势的宁波人

在中国近代经济史上，宁波帮的先辈们之所以能独树一帜、叱咤风云，源自在自主上敢于先人一步，在创新上善于技高一筹。新一代的传承人将始终坚持把自主自立、开拓创新作为事业发展的第一源泉，把打造和增强核心竞争力作为事业的第一追求，抢抓国际分工新机遇，抢占产业发展制高点，大力推进理念创新、科技创新和管理创新，大力开发具有自主知识产权的产品、技术和品牌，以自主创新推动企业做大、做优、做强、做久，打造更多的“百年企业”，让宁波帮真正成为新时期续写发展传奇的杰出企业家群体。

宁波帮素有知难而进、成就事业的进取创新精神。早期外出闯天下的宁波帮商人，大多怀揣“三把刀”走市场，如果没有把握商机的眼光，没有灵活经营的手腕，没有拓展视野的理念，就不可能活跃在近代中国舞台上，更不可能至今仍为世人所瞩目。当代驰骋商海的宁波人又何尝不是如此？总而观之，近代到当代宁波人创造的经济奇迹，凸显了让人回味无穷的“智”与“创”字。

(一)敢为天下先

案例一:近代以来,出自宁波的商人便创下诸多第一,为宁波帮注入“敢为天下先”的精神元素,证明了宁波企业家勇于创新的特质。在上海,宁波帮创下了 38 个上海乃至中国经济生活中的“第一”:第一家中国自办的银行、第一家以城市为标志的股份制商业银行、第一家华商交易所、第一家民营轮船公司、第一家新式毛织厂、第一家红十字会、投资拍摄了中国第一部电影、上海第一个行会组织、第一个商业社团、第一个金融资本家……

“以四海谋财,灵活善变;以新求新,以新制胜闻名于中华各商帮”是宁波帮获得的评价。

案例二:改革开放后,新宁波帮求新求变,敢于打破陈规、颠覆旧格局,并引起了全国的关注。在温州模式与苏南模式争雄,引导各省市改革开放道路选择时,宁波独创混合经济模式,结束了集体与私营之争。宁波的很多民营企业也以诸多第一闻名,但由于这个地方惯有的低调,宁波被媒体称为“隐形冠军”之都。

在 2004 年,宁波下辖的所有县市都挺进了中国经济百强县市。

上面这两段历史,印证了宁波帮的最大特质:敢领先、够新鲜。

第一段历史发生在 1929 年前后,处于近代宁波帮最辉煌时期的起点,正好是中国乃至世界大变局之际,本可席卷领袖中华的商帮力量,却在辉煌过后退至海外蛰伏,虽然仍延续风光,但直到改革开放后,少数杰出的后人才有机会回故土再展宏图。

第二段历史发生在2000年前后，也是当代宁波帮重新崛起的起点，而今又走到了中国乃至世界的大变局之际，新一代宁波帮是会成功为中国改革创造出新的路子，还是会重复上一辈传奇而曲折的故事呢？

历史拒绝假设。尽管我们还无法得出结论，说新宁波帮要更优越于史上历代前辈，但宁波商业文化中的“敢为天下先”“灵活创新”“诚信务实”等精神，一直未曾断绝，一直扎根在民间并且得以延续，在新时代更开放的政治与社会背景下，他们只会得到更多的鼓励与滋养，而不是压抑。所以，我们有理由相信宁波帮的美好未来，我们有理由相信他们将给中国的改革开放贡献更多、贡献更大。宁波传统商贸文化源远流长，积淀厚重，集中表现为有规则的激情、谨慎的冒险、开拓与固守的双重性格。近代宁波帮商人在创业中，不仅固守阵地而且敢做第一个“吃螃蟹”者，因而造就出无数个中国经济史上的第一，如第一家民间银行、第一条公交线路、第一个民营轮船公司、第一本介绍西服裁剪的书籍等。对前辈的奋斗史不仅熟知而且深谙其真谛，发扬光大中不断有所创新，在制造中国第一的同时，也争创世界第一。他们面对市场需求，不断实行制度创新、技术创新和管理创新，从而形成有宁波特色的产业群品牌。20世纪80年代末，宁波企业家以独特的眼光，进军各类专业市场营建之中，拓展创业的一片新天地。至今，余姚中国塑料市场、慈溪周巷中国食品城、象山石浦中国水产市场、镇海宁波液体化工品市场等专业市场，在中国乃至世界都有一定的知名度。同时，宁波还是我国最大的家纺产品生产基地、中国名牌服装生产基地等等。此外，北仑港是我国大陆位居前列的多功能深水良港，镇海炼化是国内最大的炼油企业，金轮集团是中国规模最大的帘子布生产基地，海天集团是国内注塑机生产的龙头老大，北伐集团成为国内最大的笔类出口基地，三星集团是世界最大的电能表生产企业，中外合资北仑麦芽厂生产规模堪称世界之最，如意公司的搬运车远销 81 个国家，而天安电气的产品则为“神舟”五号、六号提供了全部的电力供应保证。据不完全统计，宁波有 114 个产品成为全国“单打冠军”，连续 5 年成为参加境外展览最多的城市，也是全国出口产品最多的城市，使“宁波制造”不断占领国内外市场，形成了一股热流涌动的城市竞争力。宁波企业家在商海洪流中长袖善舞，创造出众多的全国第一、世界第一，内中不乏现实的市场竞争和开拓精神，但毋庸讳言，地域的商帮文化因子潜意识地作用于新一代的宁波企业家群体，鞭策他们在奋进中攀登新的高峰。

（二）商人文化的谋略——寻求创新

由于近代宁波帮的巨大声誉，有关研究层出不穷，著述甚多，争议也较多。但在什么是宁波精神这个问题上，最终认识非常一致：“诚信、务实、开放、创新”。这其中，“创新”又被公认为宁波精神的本质所在。

这并不是宁波人的自我加冕，而是有着深厚历史传统的总结，是近代宁波帮辛勤血汗和聪明才智的凝结，更是改革开放后新宁波帮的传奇证明。

宁波滨海，面临大洋的挑战，环境成就了他们的开阔视野、坚强意志和不断创新的精神。近代宁波作为五口通商口岸之一，虽是旧中国耻辱之见证，但客观上也给宁波商人率先带来新观念的冲击，强化了他们善于不断接受新事物的特征。

宁波在文明架构中处于农耕文化与海洋文化的结合点，这种独特的地理区位优势与深厚的历史文化底蕴，孕育、培植并不断锤炼着宁波人民勇于进取、敢作敢为的创新精神。宁波创新精神的灵魂深藏在“敢为天下先”的文化心态之中，并成为宁波人勇往直前的驱动力。

更早一些，这种创新精神早在浙东文化的学术思辨中就能找到强烈的印证。

明代的王阳明敢于在禁锢人们精神的“理学”一统天下的思想格局内，公然倡导“致良知”学说，鼓动人们冲破既定的思想牢笼，去争取自我心灵的解放，在中国思想文化的发展史上掀开了光辉篇章。黄宗羲以振聋发聩的声音，提出了前所未有的社会改革与民主启蒙的进步观念，历史性地突破了儒家理论的传统框架，让百姓看到未来社会的曙光。

这种创新精神在近现代宁波帮的发展史上，也不难找见。

宁波商人虞洽卿等破天荒地筹建起新型航运公司，并于20世纪30年代率先成为国内最大的民营航运企业。人称“五金大王”的叶澄衷，以及“火柴大王”“肥皂大王”等宁波商人，抱着“敢为天下先”的观念，纷纷成为各自行业的“巨子”与“领头羊”。在市场经济大潮中，宁波人的聪明智慧集中表现在富有竞争力和想象力的经营理念的谋略化运用上。具体表现在：“拿来主义”，为我所用；灵活应对，善抓机遇；开拓创新，与时俱进，并达到了较高的层次和境界，这也是当代宁波经济取得成功的奥秘所在。

“拿来主义”植根于浙东文化博纳兼容的开放性品格。近代以来，宁波更是趋中洋风气交融之地，这种历史背景，使宁波历来风气颇为开通，能够容忍各种思潮的磨合。宁波帮在阅历精彩的外部世界里，养成了宽广的胸怀、开放的性格和深邃的眼界。“拿来主义”也与商品经济的运行特点息息相关。商品经济在运行过程中，自然而然地把区域市场、国内市场和国际市场有机地融合起来，所以商业文化必然带有多维一体的兼容性和开放性的特点。当代宁波之所以能飞速发展，最重要的是顺应市场经济的客观规律，走自己的路。这条路既不同于“温州模式”，也不同于“苏南模式”，而是取各家之长的混合经济，具有鲜明的多质兼容、互渗互补的特点，比较适合社会主义市场经济和宁波的实际。

创新是一个地区经济、科技进步的核心。企业的“新”来自市场的激烈竞争，企业生命的源泉也来自不断创新。在追求最佳、优胜劣汰的市场经济面前，企业如果缺失创新意识就必然面临被淘汰的危险。浙东文化所蕴含的经世致用、兼容并蓄、工商皆本、开拓进取的优良品质，经过凝练传承，汇聚成今日的现代宁波文化：有历史的厚重，有海洋的胸襟，有文化的儒雅，有商人的精明。这些基因作用的结果塑造了宁波企业家独特的文化个性“以智取胜”。他们在商海中绝不死打硬拼，而是以信息为依托，以科技做支撑，以人才创品牌，以智慧求发展，在竞争中确立自己的地位，在创新中赢得市场的份额。如杉杉集团，经市场调查与谋划，适时地提出名牌发展战略和无形资产经营理念；在相机完成规范化股份制改造以后，迅速导入企业识别系统 CIS；与世界顶级时装公司合作，建成具有国际一流水准的服装生产线；建立起完善的、目前国内最大的市场网络体系，推出国际水准的多品牌时装。正是这种全新的经营管理理念，推进企业向更高层次发展，在满足社会需求的同时，也给自身和地方经济带来活力。

而自改革开放以来，宁波人在资源匮乏、能源不足的客观条件下“敢为天下先”，重新白手起家，“衬衫大王”雅戈尔、“制笔大王”贝发、“阀门大王”志清、“日用品大王”利时、“文具大王”广博、“八音琴大王”韵升等150多个行业领袖纷纷从宁波涌出。更值得称道的是，新宁波帮并未止步于“大王”，他们更善于抓住时机创新转型，不断向科技、品牌及新市场等更深广的领域进军。

拿雅戈尔来说，其在1979年从几台破机器起步以来，不断地求新求变，在20世纪90年代初率先采用了“无浆工艺”；1996年首次独家开发“HP棉免熨衬衫”，成为中国服装行业有史以来第一个国家级新产品；1999年又独家引进了当今世界最先进的VP免熨技术和设备，成功开发出新一代免熨产品“VP棉免熨衬衫”。持续的系列技术革新，使得雅戈尔衬衫连续8年获全国市场综合占有率第一位，西服也连续2年保持市场综合占有率第一位；并早早地布局资本市场，在房地产、股市斩获资金，在服装主业上展开全行业的垂直链扩张，并收购美国同行巨头，率先向国际化挺进……

奥克斯更是以善于挑战、敢于创新而被称为“行业颠覆者”，由生产电表起家，成为电表大王后，不断涉足更新、更广阔的领域，自主研发出空调、手机、家电等系列品牌新产品，敢于尝试探索，几乎不设禁区。虽有成有败，有褒有贬，但奥克斯充分体现了宁波帮永不服输、敢为人先的精神特质。在持续创新下，奥克斯也成就了自己的电表、家用及中央空调王国，并嬗变为新的商业领袖……

本来是一个乡间小厂的韵升，从无做到有，从小做到大，他们生产的八音琴占据着国内市场份额的90%以上，占国际市场的50%以上，无论生产与销售都堪称世界八音琴大王。但作为宁波帮，他们的创新欲望并不就此停止，还不断把触角伸向新领域，在强磁材料、汽车发电机、起动电机、碳钢、不锈钢弹簧等领域开辟出新的生存空间，并取得长足发展……

五、形成商海新品格的宁波人

“沧海横流方显英雄本色。”任何一个成功的企业家或商人，其事业的背后必定有一种无形的精神力量在支撑着，这种精神既是务实的生生不息的经营理性的回归，又是长期养成、挥之不去的义中取利的反应。宁波人似乎有与生俱来的经商天赋，面对变幻莫测的商海，他们常常做出属于自己的令常人难以理解的诠释。

（一）“一分钱精神”与主动出击

凡事讲成本、讲效益，是宁波人普遍追求的价值观。老一代宁波帮基于此完成了资本的原始积累，将商业资本与产业资本结合起来，以从商所得利润投资近代产业，摆脱了中国传统的产业资本与土地相结合的状况，推进了我国工业近代化进程。新一代宁波企业家同样具有精明的经营头脑和务实的群体性格，将深厚的文化底蕴和传统与当代的潮流有机结合，催生出在市场经济浪潮中游刃有余的宁波人的性格，这就是“一分钱精神”。有些商家对讨价还价的顾客往往不屑一顾，宁可不做生意也绝不让利，而精明的宁波人看到有顾客就主动上前介绍商品，只要有利可图就设法做成这笔生意。改革开放以后到国外参展的机会增多，会展结束后，宁波商人必定就地甩卖，他们认为原货运回不仅劳民而且伤财，哪怕每一件只赚一分钱，也是为国家创收外汇。也许在常人看来，一分钱的小利算不了什么，但宁波人不这么看，千万财富来自积累，积跬步可以成千里，集腋方能成裘，只有看重每一分钱，总有一天才会积攒起一筐钱。

计划经济转为社会主义市场经济对宁波企业家而言，可谓是“海阔凭鱼跃，天高任鸟飞”。少了些框框就多了点创意，宁波帮开始学着在市场中寻找商机、寻求资金、主动出击、谋取发展。广交会场内摊点爆满，宁波企业家就租周边商铺设摊推销；场内晚开门早收场，我就早开门晚结束；只要质量好样式新，照样做生意，照样拿订单。这种自发的、在“游泳中学会游泳”的创业精神，与当年宁波帮闯荡上海滩如出一辙，印证了宁波人不畏艰险、不达目的不罢休的地域文化基因的长盛不衰，也是宁波经济显示出惊人活力的重要因素。

（二）商人文化的理性化——追求卓越

每一个地域都拥有促使自身获得发展的内生性文化精神，它深深扎根于历史和传统的土壤之中，经济运行中的每一个活动主题都会无可避免地感受到文化背景的深沉力量。因而，仅仅依靠对地域内生性文化精神的集成和改造是远远不够的，必须将地域内生性的文化精神与外源性的一切先进文化结合起来，并借用其合理因子扩充自我，才能实现跨越式的发展。

当年宁波帮崛起时面临着传统商业的没落困境，而他们及时抓住了近代新兴产业与新式银行业大门刚刚开启的机遇，成功地实现了历史性的转型。这种敏锐对企业家而言是眼光，对传统的地域文化而言则是理性。善抓机遇的宁波人，在这块人才辈出、充满生机与活力的土地上辛勤耕耘，以千家万户、千山万水、千言万语、千方百计的“四千”精神创业“打天下”，赢得了一份事业，获得了一份尊重。“创业容易守业难”“富不过三代”，千年古训对今天的企业家无疑是种警示。南宋词人陆游曾感悟宁波人的作为，写下“高帆斜挂夕阳色，急橹不闻人语声”的感叹，折射出宁波人历来崇尚的“不鸣则已，一鸣惊人”的实感理念。新时代的宁波企业家们是理性的，在时不我待的最佳发展期面前，绝不墨守成规、因循守旧、无所作为，他们“急橹”而“不闻人语”，在不经意之间做出超常规举动。

由几台缝纫机、几十人加工“北仑”牌衬衫起步的雅戈尔集团为保持公司持续发展后劲，积极构筑核心产业链，组建控股75%的宁波雅戈尔日中纺织印染有限公司，生产中高档纺织面料以替代进口产品；组建控股70%以上的具有织造、染整、成衣等多功能的针织生产经营企业宁波雅戈尔针织染整有限公司，产品主要面向国际市场；与中国科学院合作成立宁波中雅软件有限公司，对企业日常运行实施数字化管理。一分辛苦一分回报，雅戈尔集团以其年净利润超亿元和年17%的净资产收益率，成为今日中国男装业的龙头老大，无愧为“中国服装行业优势企业”。

在锻造、提升企业品质的同时，宁波企业家如同他们的先辈一样，把目光瞄准了国际市场，吸收国际商海的“营养”为己所用。这是因为宁波的民营企业在完成资本的原始积累之后，相对过剩的资本自然要寻求向外进行有效扩张的空间。

雅戈尔、海天、韵升等民营龙头企业陆续投资境外，一些实力渐趋雄厚的民营企业还大胆地涉足境外进行资本运作，尝试收购境外公司和品牌企业。据资料反映，已批准允许在境外投资的企业和机构有 392 家，分布在全球 56 个国家和地区，项目投资总额超过 1 亿美元，其中大多数是民营企业。这显然已经与近现代宁波帮当年近乎赤手空拳离开故土和祖国的境况不可同日而语，当代宁波企业家在家乡已经有了足以实施抱负的基地，不少“走出去”与“引进来”的项目还是优势互补的，内外区域的紧密结合，展现了新一代宁波人参与国际国内市场竞争与合作的广阔前景。

从大上海的崛起到香港的振兴，从虞洽卿、董浩云到包玉刚、邵逸夫，从亨得利到冯存仁、老顺记，从红帮裁缝、五金杂货到船运、钱庄银行，从中国的第一家火柴厂、第一家毛织厂到中国的第一个商业社团、第一家金融机构……宁波帮在历史上写下浓墨重彩的一笔，而且这一笔绝不像现已为历史尘封的晋商、徽商一样草草收尾，新一代的宁波帮正在上演一个又一个传奇。“新宁波帮”在新经济推动下迅猛发展，他们不仅为宁波经济创造了奇迹，更为全国经济注入了活力。

当我们把视线放在百年宁波帮身上时，让我们感慨的除了宁波帮让人惊叹的经济实力外，还有其特殊的历史及丰富的商业文化力量和精神力量。如果说经济实力是让他们笑傲商场的资本的话，那么文化力量、精神力量则为他们融注了生生不息、发展壮大的源泉。董浩云、王宽诚、包玉刚、邵逸夫等宁波企业家，立足于古老的中华文明，把现代经济活动与传统的思想文化有机地结合起来，努力从传统文化中吸取智慧和力量，创造出了富有竞争力的企业文化和经营之道。他们的成功是基于人格和文化因素的。

《天下宁波人》研究中认为，宁波人的商业思想深受黄宗羲的“工商皆本”和王阳明的“士农工商异业而同道”经世理念的熏陶。“是宁波悠长的文脉，催化出宁波特有的商脉；又因经商习俗的催动，改变着当地知识界的经世想法。”“在这块浸透了浙东学派经世致用思想的土地上，两股力量相融相生，孕育了宁波人正统而叛逆、守旧而又纳新的独特区域文化，而宁波的经商文化就是这一区域文化在商业领域的折射。”宁波滨海，变幻莫测的海浪培育了宁波人不怕艰难、一往无前的性格。他们具有敏捷的头脑，善于抓住战后世界经济调整和发展及中国对外开放的历史机遇，努力学习西方先进的科学技术和管理方法，开拓创新、奋发图强，从而在群雄逐鹿的商界竞争中领先一步。宁波帮的精神特点，比较公认的概括是：坦然从商，没有精神负担；以诚信为本的商业道德；克勤克俭、艰苦奋斗的创业精神；互相合作、团结一致的凝聚力；以人为本、以和为贵、以德为范的严格管理思想；开拓进取，善于改革创新等。这些因素过去起作用，现在及将来也必将起作用。

“江山代有才人出”，当老一代宁波帮逐渐淡出经营第一线时，新一代宁波帮接力而上。如今，继老一代宁波帮之后，新一代宁波帮正在崛起于世界经济的舞台。他们传承着“开拓、诚信、敬业、爱乡”的宁波帮精神风范，并不断开拓创新，代表人物有丁磊、郑永刚、张忠谋、陆弘亮、庄思浩、朱敏、梁小雷、赖振元等。以丁磊、包玉刚等人为代表的新老宁波帮，在全世界创造了一个个的财富故事。

老一辈宁波帮以工商业者见多，新一代宁波帮青出于蓝而胜于蓝，涉足各个行业及创业领域。当然，这很大程度上得益于当地政府敢为人先的开放思路，新生代宁波人顺势而为地发挥了宁波帮审时度势的能力。早在1993年，宁波就出台了《关于加快发展个体私营经济的若干意见》，其后在1994年、1999年，又连续出台了两份对民企发展具有重要意义的文件。其中最重要的两条，一是开放市场准入条件，除国家明令禁止的行业和经营项目外，允许个体私营企业自主选择经营范围和经营方式；二是建立鼓励发展机制，主要是从信贷额度、财政税收等方面，加强政策扶持力度。“除了石化、电力等垄断行业是国有企业外，宁波其他支柱行业几乎完全民营化，许多局长变成了老板，这就是体制的优势。”宁波市政府办公厅副主任陈国强主任这样概括道。在宁波，个体经济、外贸经济与国有经济几乎享受完全相同的国民待遇，政府只能提供政策的方向，鼓励信息化、工业化，只要符合产业导向，民企就能够得到积极的政策扶持，而且与温州所不同的是，宁波对民企实行有计划的引导，比如在开发区推行产业带集群。新宁波帮所要做的，就是敏锐地将无形的政策资源迅速转化为各个行业及各个产业有形的价值资源。

面对市场经济的大潮，新一代宁波帮更富理性。这种理性更多包含的应该是“品牌和文化”的管理，尊重文化，以品牌为核心价值，对知识资产和知识管理进行大量的投资等。企业主动贯彻政府“品牌兴市”战略，新宁波帮成功地走出了一条品牌产品、品牌企业、品牌产业、品牌经济、品牌效益的发展之路。截至2007年，宁波累计拥有“中国名牌”产品61个，数量位居全省第一。拥有“中国驰名商标”107件，中国500最具价值品牌12个，商务部重点培育和发展的出口名牌20个，中国行业标志性品牌5个，浙江著名商标约220件，浙江名牌产品 187 个，宁波知名商标 445 件……在新生代宁波经济发展过程中，品牌成了最有利的助推器。2006 年工业名牌产品实现销售产值 1998.5 亿元，占规模以上工业销售产值比重达 34.1%，涌现出雅戈尔、奥克斯、波导、维科等一大批强势品牌企业，崛起了纺织服装、家电、通讯等众多品牌产业，成为长三角重要的先进制造业基地。2005、2006 年连续两年被评为"中国品牌之都"，并先后获得"中国文具之都""中国模具之都""中国塑机之都"等称号。

与老宁波帮相比，现代宁波帮既传承了创业精神、务实精神、诚信精神、协作精神，也表现为顽强的自立意识，开拓创新、善于学习的精神，长于思考、富于机变、善于经营、精于管理的特征，涌现出一大批誉满全国的民营工商企业家，他们在致力发展经济的同时，也加强自身文化素质的提高，注重管理创新和品牌创新，呈现出新一代宁波帮应有的时代特征。这其中尤为突出的，是新生代宁波人的创新精神。这种创新综合体现在理念创新、机制创新、科技创新等诸多领域。改革开放以来，一大批艰苦拼搏、创业创新的宁波企业家脱颖而出。从民营企业发展初期的"千辛万苦、千言万语、千方百计、千山万水"的"四千"精神，到以后的企业改制上市，大规模引进先进装备生产线，引进国内外工程师，推进科技创新，开拓国际市场，走规模经营、外向型经济发展之路，争当先进生产力的代表；从不懂套路，到勇于面对各种困难，应对各种挑战，学会科学经营，进行现代企业管理，实施品牌、标准、专利的发展战略，争做现代经营大师；从低成本、低价格竞争，到应对国际能源、国内土地资源紧张局势，走科学发展之路，凤凰涅槃浴火重生，主动适应各种倒逼机制，争当科学发展的先行者。所有这些，无不展示了新生代宁波企业家勇立潮头、敢于亮剑、克难攻坚、勇创一流的顽强拼搏精神，其实质就是与时俱进、勇于探索、积极创业、善于创新、因势求变求胜的开拓创新精神。

综观新老宁波帮成长史，我们可以看出，新宁波帮在传承先辈商业伦理及人格精神的同时，分明也在与时俱进地为宁波帮精神注入新的元素与活力，同中求异，异中有同，正是这种“变”与“不变”的辩证统一，才使得宁波帮这个古老商帮在薪火相传的同时不断发扬光大！

第三章 光大诚实守信之道

什么是“诚”？“诚”是儒家为人之道的中心思想。我们立身处世，当以诚信为本。宋代理学家朱熹认为“诚者，真实无妄之谓”。

什么是“信”？《说文解字》认为“人言为信”，信守诺言、言行一致、诚实不欺。

孟子曰：“诚者，天之道也；思诚者，人之道也。”“商道即人道”，人道贵诚，商道贵信。“宁波帮”就是秉承了“信义行天下”的商道精神，创造了一段又一段经典的经商奇迹。宁波市委原书记王辉忠曾说：“宁波帮崛起的关键原因，就是诚信，时至今日，宁波帮仍活跃在全球商界，除了肯吃苦，最主要还是靠诚信这两个字。”

新一代的宁波商人以诚信正道成就事业、树立形象、赢得口碑、驰骋商海，再次书写着新的商帮传奇。

一、百家诚信，古之商魂

《管子·乘马》中曰："非诚贾（不是诚实的商人）不得食于贾（以商谋生）。"说的就是诚信是百行百业之源，也是商人成事之本和经商之魂。本部分集各家商帮之特点，说明诚信乃经商的命脉点。通过百家诚信精神之精髓，进一步诠释商帮之信，立命之本，并为宁波帮的诚信经商提供更好的借鉴。

（一）晋商："诚信"铸就晋商500年的辉煌

明清时代的晋商曾经在中国商史上独树一帜，其商号遍布全国各大城市、水陆码头，甚至遍布亚洲各地，山西也因此富甲一方。"诚信"，是奠定晋商风雨500年的灵魂。"以德治商""重信义""贵忠诚"就是当年很多晋商的号规。晋商认为："善商者，处财货之场，而修高明之行，是故虽利而不污，……故利以义制。"（李梦阳《空洞集》卷44）

1. 晋商"诚信"为先创业

回顾众多山西商号的历史，其著名商号的第一任主人大多是穷苦农民。常年的自然灾害让他们走上商路，从小本买卖做起，秉承着诚信的理念精打细算，苦心经营，积攒财富。1823年，山西平遥"日昇昌"票号成立，人们把它比作中国银行的始祖。票号自创立之初，就一直采取信誉贷款的制度。不论贷出多大数目的款项，都只看重对方的人格和信誉，不需要对方的任何抵押，这在今天几乎是难以想象的。"日昇昌"和后来成立的众多山西票号之所以成就伟业，和他们笃守信用有极大关系。

2. 晋商"诚信"为基守业

诚信让山西商人完成了资本的积累,叫响了名号,获得了拓展事业的资本。很多精明的商人会在牌子打响后,缺斤少两,减少成本,以此获得利润。但是,晋商一如既往地恪守着祖宗前辈们留下的"以义制利"的为商之道。山西商人诚信的经营理念体现在很多方面,例如大部分商号的经营模式是东家出钱,掌柜理财,资本所有权和经营权分离。在法律制度十分不健全的晚清时代,这必须建立在东家和掌柜之间的绝对信任之上。1900 年八国联军攻入北京,两宫西行,很多山西票号在北京的分号被抢掠一空,连账簿也被烧毁了。许多京城的达官贵人拿着存折到山西总号开始了大规模的挤兑,山西票号没有以账本丢失无从核对为由而拒绝汇兑。面临困境的大东家们从自家地窖里挖出银子,满足客户的需要,不管银两数目多大,票号一律立刻兑现。当时山西票号就是以不计后果的举措向世人昭示了"信义"在票号业至高无上的地位。

3. 晋商"诚信"为本扬业

晋商以诚信为本扬业,比如祁县乔家堡著名商家第三代传人乔致庸,怀抱以商救民、以商报国的梦想,为实现货通天下、汇通天下的宏伟心愿,历经千难万险,终于在外国银行进入我国之前,就在全国范围内基本实现了汇通天下的宏愿,使中国商业自此有条件进入了以信贷为基础的现代金融环境,为民族商业建立了不朽的功勋。而实现"汇通天下"目标的始终是晋商这种诚实守信、勇于开拓的精神。

案例:《乔家大院》彰显晋商诚信精神

据有关资料记载,乔家最鼎盛的时候,家产已经达到了3000 万两白银,而清政府那时一年的税收也不过才 700 万两而已。乔致庸在继续发展事业的同时，也没有光想着自己，他让老管家翻出旧账，专门查找在自己父辈和大哥乔致广经营家业时，欠下别人或相与的账，不论多少，一律清偿。多家债主早已不在人世，但他仍然指派家人想方设法找到其后人，把钱还给人家。还是这位乔致庸，到南方贩茶时，让人把一斤重的茶块都做成了一斤一两，为的是长途颠簸中万一有损耗，不能对不起消费者。真是宁愿自己受损，也不愿让别人吃亏，他把诚信做到了令人难以置信的高度，大大提高了晋商的口碑。

（二）徽商：肩挑"诚信"走天下

徽州六县宋元明清历代致富商人至少有近千人，其中拥资百万的巨贾富商有 230 多人。徽商代表人物主要有红顶巨商胡雪岩、徽墨名家胡开文、茶商胡炳衡等。明清时期江浙一带，商品经济颇为发达，徽商云集，势力盛极，故有"扬州之盛，实徽商开之"之说。"以德治商、戒欺"就是他们的生存法宝。

1. 徽商的基本特征："贾而好儒"。

徽州商人的崛起，首先受到了程朱理学诚信思想的影响。程朱理学关注和重视"诚笃""诚意""至诚""存诚"，以及"立信""笃信""言而有信""讲修信睦"等为学之道和道德规范。徽州商人在程朱理学诚信思想的熏陶下，大多数人将"诚、信"作为立身行事的指南，并作为商业活动中处理买卖双方关系的基本准则。明代商人张洲曾言："少潜心举业，蜚声成均，数奇弗偶，抱玉未售。持心不苟，俭约起家，挟资游禹航，以忠诚立质，长厚摄心，以礼接人，以义应事，故人乐与之游，而业日隆隆起也。"所谓做人要"忠厚积德"，经商须"以诚待人"，这在徽州商帮中已经成为共识。"以信接物，以诚待人"，这是徽商在当时历史条件下，获得迅速成功的重要原因之一。

2. 徽商的市场品格：市不二价，以义取利。

徽商吴南坡表示："宁奉法而折阅，不饰智以求赢。""人宁贸诈，吾宁贸信，终不以五尺童子饰价为欺。"主张诚信为本，坚守以义取利，是徽商一以贯之的儒商品格，也使其获得了良好的市场信誉。历史上，各地商家在买卖中以次充好、以假充真的现象时有发生，然而徽商却不屑为之。明朝徽商胡仁之在江西南丰做粮食生意，即使在天灾大饥之年"斗米千钱"的情形下，也绝不在粮谷中掺假害人。清末胡开文的墨店发现有批墨锭不符质量要求，老板胡余德发现后立即令所属各店停止制售此墨，并将流向市场的部分高价收回，倒入池塘销毁。为保证商品质量，维护客户利益，绝不掺杂使假，甚至不惜血本，毁掉重来，体现了徽商以诚待人的处世原则和以真行贾的经营理念，可算是产品缺陷召回制度的先驱。商家在买卖过程中获取合理利润，本无可厚非，但如何看待义利关系，是见"利"忘"义"，还是"取予有义"，则是考察和衡量商家职业道德和商业理性的标尺。

3. 徽商的品牌理念："以德治商"。

徽商有很好的品牌意识，注重品牌这种无形资产的建立，涌现出一批"老字号"。徽商具有商业上的远见，并不惑于眼前小利。他们认为商家与顾客的关系是互惠互利、相互依存的，如果一时贪图小利或敲诈顾客，虽然能给自己带来暂时的利益，却毁坏了双方长期合作的基石。因此，徽商大都通过长期艰苦的努力去建立起良好的商业信誉，并极力维护这种信誉，视之比金钱更宝贵。这些思想在徽商的经营活动中处处可见。

案例：红顶商人胡雪岩之“诚信有天知”

胡雪岩是著名的胡庆余堂国药号的创办人。他治店先树商业信誉，在胡庆余堂大厅里，胡雪岩挂了两块匾，对内一块是“戒欺”，对外的是“真不二价”，两块匾额见证了胡雪岩所追求的商业信誉和商业道德。因此，胡庆余堂在经营上体现为：所用之人真心实意，所购之材真材实料，所制之药真方实作，所卖之药真货实价。比如，胡庆余堂出售给顾客的人参，都是在购进时放入生石灰中吸过水分的，把含水量降到最低，就是为了保障顾客的利益，当然也会少赚钱，但是胡雪岩说，胡庆余堂要“采办务真、修制务精”。他要求胡庆余堂员工除了“勤谨能干”外，还需“诚实心慈”，因为只有品行端正的员工，才能时时注意药的品质，才能时时为顾客所想。

以胡雪岩为代表的徽商，能执中国商场牛耳数百年，靠的就是代代相传的诚信经营，靠的就是“戒欺”，靠的就是“真不二价”，这些老祖宗传下来的宝贵的商业道德伦理，的确值得处在今天发达的商品社会的我们去精心摹刻、传承发扬。

（三）鲁商：《论语》与算盘的诚信经营

鲁商是我国明清之际赫赫有名的十大商帮之一。植根于齐鲁文化沃土的鲁商在十大商帮中有着自己独特的商业文化气质：一方面，鲁商深受儒家文化的濡染，在商业活动中“以德为本，以义为先，以义致利”，诚信正直，大气厚重，在商业界树立了良好口碑。教育家张天麟这样评论山东人：“有两个人在支配着山东人的心灵：一个是孔子，一个是梁山泊的英雄。”受到儒家文化濡染和梁山好汉侠义之气熏陶的山东人形成了自己独特的地域性格：诚实，尚义，好客，豪爽仗义，朴实厚道，胸怀坦荡，讷于言而敏于行。这种性格反映在商业领域则表现为讲求商业道德，遵守伦理规范，货真价实，注重信誉，不搞欺诈，诚信经营。鲁商在经营管理过程中一手拿“算盘”，一手拿“《论语》”，在创造经济效益的同时时刻铭记先圣的教诲。

案例：孟洛川以诚经营“瑞蚨祥”

旧中国最大的丝绸经营企业瑞蚨祥初创时期销售过一种双青布，这种布是选用上好的白坯布染制而成的，漂染工艺相当严格。刚出染坊的布匹严禁上市，必须包捆好在布窖里存放半年以上，待染料慢慢浸透每根纱线方可出售。这种工艺叫“焖色”。虽然该工艺考究且用时漫长必会影响资金周转，但由于经过这种焖色的布缩水率低，布面平整，不易褪色，深受消费者喜欢，因此这种挑剔而精细的工艺为瑞蚨祥赢得大批客户。清末民国初北京广为流传的民谣“头顶‘盛锡福’，脚踩‘内联升’，身穿‘瑞蚨祥’，腰缠‘四大恒’”道出了瑞蚨祥在人们心中的地位，也道出了瑞蚨祥誉满京城的盛况。百年之后的今日，“瑞蚨祥”三个字依然字字如金。据某瑞蚨祥经理介绍，不少外宾、侨胞和台湾同胞到这里“寻旧”，往往都要买个礼盒，为的就是要“瑞蚨祥”三个字，以唤起亲朋好友对往事的回忆。

这就是百年老字号的魅力。诚信做事，诚实做人，这种诚信可靠的商业品格不仅为鲁商事业发展奠定了广泛而坚实的基础，而且也为人们透过鲁商了解淳朴厚道的山东人打开了一扇窗口。

（四）潮商：得黄金百，不如得潮商诺

潮商，是继晋商、徽商之后，在中国近现代史上最具影响

力和生命力的著名商帮。而长期以来，潮汕商人又被公认为是当今中国乃至世界最具活力、最会赚钱的经商人群。在海内外潮汕人之中，涌现出了一大批令人瞩目的商业奇才，如李嘉诚、谢易初等。究竟是什么原因，使得一个族群竟然能够培育出如此多的商业巨子呢？潮商的成功，给人印象深刻的是做起生意避繁就简、不循商道，最为人津津乐道又令人肃然起敬的便是诚实守信。建于清初的苏州潮州会馆，其碑记“公平处事，则大小咸宜；忠信相孚，则物我各得”，是潮商诚实守信的历史见证；曾盛行一时的“七兑票”制度，是潮商诚实守信的标志。谈起生意，商人们个个精明，以至于有的斤斤计较，对合作方严加防备，对风险防范高度敏感。如徽商以精明著称，晋商以投资算计取胜。而相比之下，潮商不拘一格，不拘泥于生意合同格式，奉行口口相对，一言既出，驷马难追，言必信，行必果。当人们开始意识到“诚信”是一个人或一个团队品牌和口碑价值所在的时候，殊不知，潮商早已通过“让小利予彼”的方式而获得了“诚信”这一无价商誉。

案例：潮商人生意场上的诚信奇迹

(1)侨批：银行打不倒的潮式“信用社”

潮汕侨批，是早期潮汕商人信用的凭证。批信局在19世纪三四十年代出现，历时百年，一度遍布福建、广东、香港和东南亚等潮人众多的地区，专为潮人移民递送汇款和信件的组织，将海外收集的信款送到国内侨眷手中。澄海籍黄继英兄弟1835年创办的“致成商号”是潮籍第一家批信局，鼎盛时期在汕头、澄海、新加坡共开设8间商号，经历了三代掌门人，声誉卓著。批信局完全是华人传统信用的产物，其建立、经营和业务拓展都建立在信用文化和道德制约基础上。若批信局违约，经营者一般自认倒霉，违约个人受亲族、舆论谴责，没有“面子”，如果有经济关系则切断生活来源。这种信息传播机制促使经营者、代理者一方与客户一方彼此之间的透明度很高，组织或个人如果失信，将很难在社会上立足。

（2）汕头七兑票：货币史上的信用学奇观

七兑票作为汕头第一种地方信用货币，并没有国家强制力在其中，它依靠潮汕商人对银庄的信用及银庄相互间的信用关系，建立在潮商金融业群体合作基础之上。潮汕商界能独立形成七兑票制度，足见汕头银庄业信用合作的强大及商界群体信用合作意识之强劲。

（3）陈弼臣家族：以诚为本成就金融大业

泰国大银行家陈弼臣在创立盘谷银行初期，做生意的方式就是“签个字，握握手”，靠的全是诚信。那时，泰国是外资银行的天下，大多数银行要求客户开银行保证函，并要收取100％的保证金，而这对于商家来说几乎是无法承受的。为此，盘谷银行一改行规，只收取一成保证金，甚至可以货到付款。于是大批华人客户投往盘谷银行，不少泰国国营机构也将生意挪到盘谷。压力之下，其他银行也不得不效法盘谷银行。这一改变，对泰国经济发展发挥了巨大作用。其子陈有庆说：“无论怎样变化，有些传统的东西始终保留，经营理念依然与我父亲那个年代相同，依然以诚为本，重情守信，注重维系与客户和员工的互信关系。”

总之，“人而无信，不知其可也”。诚信更是各种商业活动的最佳竞争手段，是市场经济的灵魂，是企业家的一张真正的“金质名片”。而这样的诚信特质同样在宁波帮的群体中展现得淋漓尽致。

二、秉承祖训，信义天下

“上半夜忖忖自己，下半夜忖忖人家”，这是宁波老话。我们知道，这正是宁波人做买卖讲信用的一种表现。“诚信为本，义中求利”的经营之道，也成为宁波帮始终不渝的经营信条。这也正是宁波帮能够在昔日各领风骚的十大商帮中挺立潮头，经久不衰的最大秘诀。

宁波帮，泛指旧宁波府属的鄞县、镇海、慈溪、奉化、象山、定海六个县在外地的商人、企业家及旅居外地的宁波人。鸦片战争以后，随着外国资本主义的入侵，商人都涌向经济较发达的城市经商，形成了商帮，当时较著名的商帮有“广帮”“徽帮”“闽帮”等，但有些商帮逐步衰落，销声匿迹，而宁波帮历久不衰，不断发展、壮大，尤其是在港、澳、台等地的宁波帮企业家，更是举世闻名。“多俊生东浙，去来天下通。帮帮经济竞，代代绩荣隆。捐献酬孙总，称扬忆邓公。综先览陈展，志作岂人同！”（《载敬堂集》）正是江南士人描写赞美宁波帮的诗。

（一）源于地域文化特色的宁波儒风

宁波有悠远的经商传统，宁波帮商人会做生意，但不赚昧心钱，他们“重然诺，尚信义”，擅长“信用经商”成为宁波帮成功的最大特点和明显特征之一。而宁波帮的这种诚信笃实的特征，植根于宁波的地域文化传统。宁波自北宋“庆历五先生”倡导教育和学术以来，诚信就一直被作为伦理主题，历来学者都注重诚信教育，如明代王阳明提出“致良知”，“商贾虽终做买卖，不害其为圣贤”。宁波帮的诚信，就是地域传统诚信道德在商业经济领域中的新实践和新发展。

宁波帮以儒为体，以贾为用，在激烈的商业竞争中，秉承祖训，保留着浓厚的传统经营作风，几乎每一个成功的宁波帮人士，都有一部诚信为本、义中求利、勤俭艰苦的奋斗创业史。影响遍及海内外的宁波帮，是中国近代最优秀的商帮之一，他们以诚信著称，以开拓为本，永远保持着发展进取的优良传统，保持着旺盛的生命力。今天在人们的心目中，宁波帮不仅仅是工商业者的成功典范和优秀代表，而且已经成为一种文化现象，人们把它概括为“儒商文化”。

案例：《向东是大海》准确诠释了宁波帮诚信精神

《向东是大海》是为宁波帮量身定做的电视连续剧。因此，尽管剧中充满了恩怨爱仇、英雄美人、儿女情长，但其主要思想是通过人物的悲欢离合、顺荣枯逆，艺术地展现并且弘扬了宁波帮精神。商人逐利，无可厚非，这是由他的职业性质所决定的，关键在于如何追逐。于是，宁波帮“诚信为本，义中求利”的精神实质尤其可贵。

剧情一开始，是定居杭州的徽商胡雪岩家破人亡的惊恐场景。1882年，他为了打破外国资本控制中国生丝出口定价的霸权，与洋商展开生死大战，最终一败涂地。宁波恒通钱庄老板董如海支持胡雪岩，曾借银80万两，因此也尽付流水，元气大伤。储户们闻讯后，拿着票据蜂拥赶来挤兑。董老板面临两难选择：如数兑换，意味着倾家荡产；宣布倒闭，则将失信于民，让他们血本无归。董如海毫不犹豫地选择了前者，宁愿倾家荡产，也要恪守诚信。不料尚未实施，海匪就来绑架，以命相逼，逼他交出10万银两。幸亏草根英雄周汉良挺身而出，救回人质，并想出了让储户以本金入伙参股的办法，来化解双方的矛盾。

董如海不仅采纳了周汉良的建议渡过难关，而且决定重用智勇双全的周汉良，不让长子兼独子董芝恒经营钱庄。董芝恒嫉恨交加、坚决反对，可得到的回答却掷地有声："我董如海可以断子绝孙，但不能被宁波人戳脊梁骨！"董芝恒丧心病狂，竟指使海匪卧底李二闷死了父亲。董如海为恪守诚信付出了生命的代价。

值得注意的是剧中一个细节：董芝恒准备潜逃，命李二将钱庄的票据包好埋起来。李二嫌费事，主张一把火烧了。董芝恒不同意，表示等他发财回来，还是要按照票据还钱的。也就是说，即使他坏透了，作为宁波帮之一员，心灵最深处仍有诚信的一角。这为他最后幡然悔悟，死在日本人刀下的结局埋下了伏笔。

电视剧中的一号人物周汉良，讲究诚信更加彻底。他到上海滩创业，有意盘下"瑞祥染料行"。老板奸诈无比，趁机敲了一笔高价，却不说还有一屁股债务，闷声不响溜走了。当周汉良接手开业时，立马有人拿着"瑞祥染料行"开具的欠账单上门讨债，数额惊人。面对这无妄之灾，周汉良说服了强烈反对的同伴，认了债务，足额照付。而他的信誉，也由此鹊起，在上海滩站稳了脚跟，很快成为"染料大王"，建立起了龙记公司。

周汉良还对家人言传身教"诚信为本"。为帮助董芝霞，龙记公司投资生产水泥，要击败日本水泥。其推销的广告别出心裁：在大街上放一块自制的水泥碑，声明在10天之内，欢迎人们用40磅大锤连砸20下，谁砸断谁得重奖。结果，砸者如流，观者如堵，砸了两天，无人成功。周汉良的弟弟汉臣兴冲冲地前来报告，认为足以证明水泥质量绝对过硬，可以销售了。但是周汉良不同意：说好了10天，就必须10天！

当儿子健勇长大开始独立工作时，周汉良郑重告诫："做人要像你奶奶说的，老老实实；做事要像你外公说的，本本分分。"想必大家都会认同，这就是对于宁波帮诚信精神最通俗、最准确的诠释。

（二）秉承祖训，诚信传统与市场经济的完美结合

"人无信不立。"这句古训道出了先人们对诚信的态度。宁波帮把诚信的传统道德与市场经济完美地结合在一起，把恪守信用作为衡量商人的标准，他们讲信誉、重情理，为世人所称颂。

案例1：叶澄衷的诚信为人，启动事业

旅沪宁波籍早期工商业家叶澄衷的创业发家史，生动地体现了宁波商人的"诚信"价值观。14岁的叶澄衷到上海学生意，开始在黄浦江上摇小舢板。一天，有一美国洋行经理雇叶的小舢板，从小东门摆渡去浦东杨家渡。舢板靠岸，洋人下船时将皮包遗忘在船上。叶打开一看，见有美金数千和支票及钻戒、手表等物，遂停下生意不做，在原处等候失主前来。直到夕阳西下，才见洋人寻来，叶便将皮包奉还。洋人开包验看原物一件不少，意欲酬谢，被叶婉言拒绝。洋人大为感动，仍乘叶的小舢板返回，靠岸后即邀叶到洋行做事。过了几年，到1862年，叶积累资本独资开设上海第一家华人开的五金商号——顺记五金洋杂货店，后来号称"五金大王"。叶澄衷依靠"开通敏达，诚实可信"，从此发迹。

案例2:包祉奎(包玉刚祖辈)以诚起家

从事丝绸经营的“香港船王”包玉刚的祖辈包祉奎,一次晚间投宿一客栈,第二天天未亮叫挑夫挑起行李货物赶路,走了一程,东方破晓时才发现一件货物不对路,打开一看里面还有银票,知道拿错了东西,急忙赶回客栈。因人都走散了,包祉奎只好在墙上张贴“招识”,说明原委,留下自己地址,最后物归原主,客感其诚,又受其义,相伴赴闽经商,包家终于以诚起家。

案例3:王宽诚之父办实业以诚信立身

王宽诚之父曾教诲子女立身处世,必须宽厚待人。诚实取信,对其有较大影响。他结束在宁波永丰猪行三年学徒工作后,转入江厦街源吉钱庄做放贷工作,事事处处以正直、敦厚、诚实取信于人,严格要求自身生活言行严肃端正,办事公私分明。1935年,王宽诚在宁波泥堰头与人合资开设维大鼎记面粉号,自任经理,对待职工,唯才取人,并订立各项规章制度,赏罚有度。不到两年,面粉号设分号于余姚、镇海、慈溪及宁波市区各区。后来,他到上海推出“维大华行”牌号,又与上海实业界极有名望的李康年合股开设中国钟厂,并任钟厂经理,创出“三五”牌商标,严格要求质量第一,精心制作,蜚声海内外。

案例4:质量精良,诚信海外

1932年,和丰纱厂经理俞佐宸为使其出品的棉纱在市场上具有竞争力,与厂内技术人员共同研究,生产一只以“荷蜂”图样做商标的棉纱产品。由于质量优良,产品逐步取得市场信誉,销路很好。直到20世纪80年代,南洋一带华商还有人打听购买“荷蜂”牌棉纱。另外,20世纪初“实业救国”的宁波籍著名实业家陈万运创办三友实业社，以数百元起家，发展成为拥有资本200多万元和多种品牌产品的近代中国著名民族企业。创办之初，确立"以质取胜"原则，当"三角"牌毛巾畅销市场时，有人建议原料改用当时国产的20支纱，每年可以节省成本30万元。但他认为名牌产品偷工减料等于自我毁灭，坚持从日本进口42支纱为原料，直到"三友"杭厂成立专门纺制优质棉纱为止。

案例5：诚信从业，降低风险

金融业巨子秦润卿曾任上海钱业公会理事长，经历50多年钱业生涯，其经营方针为注重稳健，信贷讲究一个"实"字。放款之前，考察企业周详，从其前途以至负责人人品，都做全面了解。对客户的负责人，第一看是实业家还是投机家，后者不与之交往；做跑街时，不吃摆花酒、上馆子、送礼品这一套，客户知道他的爱憎，不敢使用不正当方法巴结拉拢。等到放款后，就把这家企业当作自己的实业一样，全力支持，即使这家企业受到市面影响，资金积压，周转失灵，也决不袖手旁观，从而使所放之款大都能收回。

案例6：良好信用，赢得商机

包玉刚把讲信用看作企业经营的根本。他讲，纸上的合同可以撕毁，但签订在心上的合同是撕不毁的，人与人之间的友谊应该建立在相互信任的基础上。他的"言必信，行必果"的作风，树立良好信誉，得到银行家们的信赖，为其企业的兴盛发达注入活力。其成功之道就是"与信誉成交，借信誉发展"。如他以初期经营金融业的稳健作风来指导他的航运事业，获得香港汇丰银行的信任。一次日本航运公司急欲租用船只，包玉刚告诉汇丰银行高级职员桑达士，他有机会以100

万美元购入一艘7200吨级的船只，然后将这艘船给日本公司租用5年，日本公司并愿意由其往来银行开立一张75万美元的信用状资助买下该船，75万金额约为第一年船租，包打算用此信用状向汇丰银行抵押，借到款后去买船。桑达士认为这是不可能办到的事情，说包玉刚如果能拿到75万美元的信用状，就同意借款。最终包拿来信用状，桑达士表示折服。后来包玉刚成为汇丰银行的首位华人董事。

案例7：薄利多销，取得诚信

新中国成立前宁波黄金足赤牌价完全根据上海金市。上海金市收牌价每两100元，宁波方聚元银楼店挂牌大约是售出102—103元，收进98—99元，进出相差约4元。但有时进多出少，价格就调为售出101—102元，收进97—98元。方聚元一进一出，两笔交易营业额为200元，而毛利仅为4元，已经是薄利，但从中获得了顾客的信任，认为购买金货不大会吃亏，碰上金价上涨时还能赚些。方聚元一方面货真价实，划一不欺，又笑脸相迎，百挑不厌，此后就声誉日上，生意鼎盛。此外，新宝华绸布店实行“薄利多销”的营业方针，在薄利上争信誉，在多卖上求利润，规定“著名商品贴价卖，大众商品平价卖，高档商品赚钱卖”。

案例8：诚信进货，树立信誉

商品精良是商业信誉的重要一环，宁波同仁泰百货店十分重视，在进货时就很注意。由于当时民族工业很不发达，产品多用半机械或手工操作，同时原材料不稳定，影响到质量也不稳定。同一牌子甚至同一批、同一包，长短厚薄质量也相差悬殊。而同仁泰百货店进货时极少失误，又实行厂店挂钩，商品如有质量问题，可以直接与工厂商量调换。其经营方针赢得许多“回头客”。

案例 9:计量上的诚信

新宝华绸布店专门设立复尺台,规定营业员做好生意,须填好三联账单,注明单价、数量、金额,其中一联交复尺台,凭单核对单价和数量,存根则作为统计奖金的依据。不论大小商品,都不直接包装,必须经过复尺台这一关,这种做法得到顾客的信任。寿全斋国药号是宁波一家闻名遐迩的具有 200 多年历史的老店,坚持“货真价实”“尊古泡制”的经营方针。接方撮药时,如一张处方要撮药五帖,其一味用三钱,就一次称一两半,分配第一帖三钱后,一定要复秤戥中尚存的一两二钱,再依次递减到第五帖,保证每味药校对无误,在处方单上签章后,方可包扎。

案例 10:借款守信,扩大经营

做生意,借款是常有的事情,而其中的诚信作风也能对发展事业有帮助。同福昌帽扇店老板周芳兴非常注意守信用,他向别人借钱时,如借期为一个月,他总是到期前两三天拿去归还,从不拖延或展期。一次两次之后,别人就知道他很守信用。因为他守信用,把其名字“芳兴”称为“放心”,后来钱庄也愿意给他过账簿。他对职工说:“天下三主,大如买主。”同福昌后被并入老三进鞋帽店。

其他宁波的老字号,如一言堂(以明码标价、不讨虚价、顾客无须讨价还价、“一言”定买卖著称)、老三进鞋帽店、冯存仁堂药店等都以诚信为经营宗旨,这是宁波帮得以在海内外蓬勃发展的重要原因之一。

宁波商家的诚信谚语、名言:

● 宁可做蚀,弗可做绝。

●信誉招千金。

●浇树浇根，交人交心。

（三）宁波的金融信用制度

“过账制度”是宁波商人创立的金融信用制度，即钱庄对客户的经济往来不支现款，采取划账的办法，类似于后来新式银行的票据交换制度。其中当时信用放款中，既无物保，也无人保，全凭个人信用。宁波商人从事商业活动历来以信为本，注重信用，交易往来凭借当事人的人格为保证。相互信赖，向有“信用经商”和“信义经商”之谓，并有“信用码头”之称。各业商人在资金问题上把是否能从钱庄取得信用融通，作为自己的地位、声誉和鉴别衡量对方的一个标准。如果贷款需要抵押品，就无异于不被钱庄所信任，这对商人来说是大忌，此种心态在当时十分普遍。

宁波钱庄独资或合伙开设的主要是几个著名的家族集团，信誉昭著，股东负有无限责任。在历史上，宁波钱庄虽有兴废，也有停业收歇者，但所有存款都能一一理清楚，从无吞蚀逃避等情况。1900 年，宁绍台道致信浙江巡抚文中讲：“溯查数十年来，宁郡钱庄虽有亏本歇业，他人之欠该庄者，未能按户收足；而该庄之欠他人者，必须扫数全还，绝无吞蚀、逋逃情弊，此不独为本埠商人所深信，且为各处商人所共信……”

对于义与利的关系，宁波帮企业家大多主张兼顾义利，于义中取利，即所谓君子爱财，取之有道，诚信为本，义中求财。强调以德立业，以德兴业，做事先学会做人，否则成不了大事。在近代金融史上，宁波商人以经营钱庄闻名于世。当时北京有恒光、恒利、恒和、恒源四大钱庄，“均甬商经纪，开设京都已

200 余年，信用最著流通亦最广”。在上海，宁波人也是独占鳌头，钱庄业九大家族占 6 席，秦润卿长期担任上海钱庄公会会长。全国现存中华百年老药铺 81 家，其中 13 家是甬商创办的。这些金光闪闪的招牌，全由“诚信”两字铸成。轰动一时的电视连续剧《大宅门》的原型，就是宁波乐氏家族的北京同仁堂，创立至今已有整整 300 年的历史，其长盛不衰的奥秘，就是“有方皆法古，无物不藏真”。乐氏严格遵循祖训，一丝不苟：炮制虽繁，不敢省人工；味品虽贵，不敢减药材。

“诚信为本，义中求利”的经营之道，成为宁波帮始终不渝的经营信条，正如包玉刚所说：“商业道德这上头，还是老传统好，要有信誉、有信用才行。”从上海近代宁波帮到海外宁波帮，诚实守信是宁波帮经久不衰的重要原因之一。

宁波帮还因为讲究诚信，共同抵御了经营风险。如宁波商人合资创办的宁绍轮船公司，在沪甬海运航线上与英商太古公司、法华合资东方公司抗衡。资本实力雄厚的太古公司把票价从 1 元降到 3 角，企图压垮宁绍轮船公司。紧急关头，宁波帮人士组织了航运史上罕有的“航业维持会”，集资 10 余万元，给宁绍公司每票补贴 2 角，使宁绍公司也能以每票 3 角的低廉价格与太古公司竞争，最终在竞争中取得胜利。

近代宁波帮何以特别讲究“诚信”？戴光中教授认为，宁波人一向重教崇文，同时主张“工商皆本”。所以士大夫出身的甬商数量相当可观，他们自觉地把一些优秀的文化精神如“诚”“廉”“孝”“义”“信”等道德准则应用于商业经营，非常注重道德修养，并贯穿到日常的行事中去。“诚信为本，义中求利”的经营之道，长期被宁波帮所恪守，直至当代的海外宁波帮，也都将其奉为圭臬，这是宁波帮的成功之道。

三、新宁波帮，诚信立命

从古代的商业竞争中体会现代商业竞争，同样以诚信为第一要义。新宁波帮，必须在继承祖训基础上，保持一个商帮持续竞争力的核心——诚信，不管哪个人、哪个代表讲哪样的生意经，诚信永远不可丢失。

首届世界宁波帮大会在宁波隆重召开。千名宁波帮人士代表100多万宁波商人齐聚故乡，共商反哺和发展宁波经济、共谋继承和弘扬宁波帮精神大业。大会宣言响亮地提出“商道即人道”，人道贵诚、商道贵言，至实而无妄是宁波帮建功立业的一大法宝。如果宁波上下均视诚信为安身立命之本、创业经商之德、鼎立事业之基的话，不仅宁波帮的“金字招牌”会继续大放异彩，宁波也将因此铸就无往不克的发展利器，呈现万商云集的独特风景。

(一)新宁波帮，仍以诚信为立身之命

宁波地处东南沿海，历史上是一个商埠，是做生意的地方。宁波人会做生意，已经成为世间公论。历史上，做生意在中国这个以农为本、重农抑商的国度，政治地位是十分低下的。做生意，靠的是上家与下家两头对你的信任。人家凭什么要信任你？凭的是你做人的信用。所以，对于宁波人来说，诚信，是生存的必然选择、发展的坚实基础、竞争的有效手段、取胜的无敌法宝。这样，久而久之，“老少无欺”、诚实守信就跨越了商业领域，成了一种民风、一种城市精神，成了宁波人的核心竞争力。

诚信的品牌一旦建立，它的无形资产价值立即就发挥出极大的作用。诚信给宁波商人带来了莫大的好处。其一，可以以小博大。以部分资金先得到货物，而后在货物变现后再结算货款。其二，可以以弱附强。因为有了信用，资本实力比你雄厚的商家也愿意与你做生意。其三，可以以长胜短。赢得大批回头客，在细水长流中积累财富，发展壮大。综观宁波成功商人的经商行为，他们都是把结识朋友放在第一位，把赚钱放在第二位的。所谓“生意不在情谊在”，讲的就是这个道理。宁波商人爱护信誉像爱护眼睛一样，因为，一旦信誉不好了，任你是神仙，也无法摆脱失败、没落的命运。

关于宁波人讲信用的故事很多，有两个故事最能说明问题。一个故事说的是，有一个宁波人在上海从事摆渡生意。一天，有一个客人把钱包遗失在了他的小舢板上，他不为心动，在原处足足守候了一天，硬是把钱包送还给了失主。这个宁波小伙子也因此吉星高照，财运亨通，成为一个大老板。还有一个故事说的是，因为闹“非典”，2003 年宁波的日用消费品博览会推迟举行，有一个叫哈里斯的印度商人不知日期有变，只身来宁波，结果宁波的有关部门为他一个人服务，办了一场“一个人的消博会”，此事成了商界美谈。

关于宁波人从讲信用上得到好处的故事有很多，有一个故事最为出名。当年包玉刚从海运向陆上运输转型时，看上了九龙仓，而与他竞争的对手实力强大，根本就不把包玉刚放在眼里。当时，包玉刚就是凭自己在商业合作中积累起来的信用，在极短的时间内调度到了巨额的资金，其中汇丰银行只凭包玉刚的一句话，就给了 15 亿港元的贷款。包玉刚用 21 亿港元现金，一举战胜了竞争对手，拿下了九龙仓，从而坐上了九龙仓主席的宝座。整个故事可谓惊心动魄。据说，当时香港有一个银行还专门送去一封信，说银行方面知道包玉刚可能需要资金，决定给他提供1亿美元的贷款，无须担保。可见，包玉刚的信用是何等的强大。

宁波人讲诚信，是一种历史的积淀，同时也是一种时代的号角。因为，商品经济其实是一种契约经济，而诚信是它的灵魂。信用是一个无价之宝，平时可能看不出，一到关键时刻，立即可见分晓。有一家企业，因为有一笔贷款未能及时足额归还，负责此笔贷款发放的信贷员无意中看到它的上层公司资金紧张的信息，立即通过银行追缴，由此引起连锁反应，最后，企业的资金链断裂，轰然倒地。别看一些企业大得可怕、牛得要命，如果你把它的流动资金贷款来个釜底抽薪，不死才怪。

宁波人对诚信有自己的理解。与宁波人谈生意是比较艰苦的，因为他会把账算得一清二楚，要求也提得十分具体，令一些外地人感到十分不舒服。但一旦生意谈成了，宁波人就会不折不扣地执行。即使亏了，也会咬牙挺过去。为什么？为了信誉，为了信用。宁波有一家企业为了赶上交货日期，毅然把船运改为空运，整个运费支出相等于全部货物的价值，达160万元之巨。这个看似“傻瓜”的举动感动了客户，从而从一般的贸易伙伴跃升为战略合作伙伴，为企业的发展带来了新的机遇。

宁波人的诚信像大树一样，根深叶茂。它扎根于民间，扎根于生活，扎根于深厚的历史土壤。而它的枝叶又升向广袤的蓝天，吸收来自外面世界的精华。在利与情的摔打中，在欲与理的搏击中，在成与败的决战中，这棵大树逐渐成长为城市的灵魂,给宁波带来无限的荣光。

(二)新宁波帮,坚守诚信之路漫漫

“过去宁波人做生意,一句话解决问题。”赛伯乐(中国)创业投资管理有限公司董事长朱敏在接受中新网记者采访时如是说。在朱敏看来,做生意最讲究诚信,任何一个商人如果没有诚信肯定做不长。“我当时在美国邀请一个印度人做我的共同创始人,我说公司一半的股份给他。我和他就握了一下手,没有写下过任何凭证。”台北市宁波同乡会理事长张冬梅也表示,做生意不讲诚信是将自己的出路堵住。

“以前一句话解决问题,而现在合约打了一堆,纸张越来越厚。”张冬梅称,如今商业诚信着实不如过去,但“一个学校总有好学生和坏学生”,所以现代企业在合作之前,往往需要做详细的诚信调查。

毋庸讳言,当前社会的诚信环境不容乐观。2012 年 2 月,搜狐网与零点研究咨询集团联合进行的“全国两会民生系列调查”显示:近三成公众认为当前社会诚信环境较差,公众对媒体信息的信任度也较低。越来越多的“失信”事件正在危胁着我们的社会群体,中断并损害着社会诚信链条,破坏市场机制和市场经济规则。与大环境相映照,宁波人的诚信观却越来越得到国内外的认可。据中国社会科学院金融所《中国城市金融生态环境评价》报告,在全国 50 个大中城市中,宁波金融生态环境排名第二,宁波市全国信贷资产质量为 AAA 的八大城市之一,其中企业诚信排名第一。另外,国家旅游局自 2010 年启动游客满意度测评以来,宁波已经连续两年位居全国第二。宁波很少有宰客现象发生,诚信的品质给外来游客非常好的印象。

尽管如此，弘扬宁波帮诚信精神，在宁波全社会进一步树立诚信观，并使之成为推动宁波发展的利器，还有漫长的路要走。

第四章　担当回馈社会之责

闯荡世界、爱国爱乡几乎是宁波人亘古不移的共同人格特征，无论仕商农工概不例外，宁波帮更是如此。宁波帮经营有方，生财有道，数百年间巨商鸿贾层出不穷。由于拥有更多可自由支配的万贯家产，宁波帮比别的行业群体更可以表达自己的愿望，爱国爱乡在宁波帮身上凸显得更加清晰。宁波帮虽然在商言商，但国家在他们心中占有不可替代的地位，必要之时，他们都能急国家之所急、想国家之所想。从慈溪籍旅日侨领吴锦堂捐巨资赡灾济困，兴建锦堂师范学校和兴修杜白两湖水利工程，到旅沪商人联合罢市、抵制日货，保护民族工业；从名震沪上的四明公所案到王宽诚捐资购机抗美援朝；等等。这种品质在当代宁波帮身上有增无减，整个 20 世纪，宁波帮通过不断的捐赠树起了宁波帮精神的一座丰碑。仅 2002 年邵逸夫第 15 次向教育部捐款，就捐了 2 亿港元。据不完全统计，仅 20 世纪 80 年代以来，宁波帮在内地的捐赠就接近 50 亿元人民币。

一、发展科技，贡献社会

大凡商帮活动，重心皆是经商。从表面看，经商似乎与科技关联不大。然而，如果我们着眼于中国科技发展的历史进程，就会清楚：不同历史阶段中的科技进步均与商贸活动有关。姑且不论经商活动的本身就有科技因素，更重要的是，商贸作为资本主义的经济行为，无疑给长期处于封建半封建状态的中国带来相对先进的文化冲击，对改变国民的传统思想与意识起到巨大的作用；同时会在儒家一统天下的社会文化心态中，萌发出追求科学与技术进步的社会观念。应当说，这也是近现代商贸业所带来的历史与人心的新变迁。宁波帮在改变人们的传统心态与树立新的寻求科技进步的社会观念上发挥过不可低估的历史作用。

（一）以商为本树新风

人们一般将明末天启年间宁波商人在北京设立“鄞县会馆”看作宁波帮初始形成的标志。设立商业会馆的本意在于有利于旅居京城的宁波商人举办公益活动及起到“桑梓之谊”的同乡联谊作用。之后，于清光绪年间又在京设立“浙慈会馆”，为宁波商人提供重要活动场所。其间，此类会馆如雨后春笋，不断涌现，如在上海、常熟、武汉、天津等商埠重镇都相继创建宁波商业会馆，结帮经商之风盛行。

宁波帮素以善贾著闻海内，经商足迹遍及通都大邑。在国人眼中，宁波帮是商界令人刮目相看、成就卓著的事业成功者。宁波帮能在最高统治者居住的京畿之地与通衢巨镇设立各种商业会馆，且声势日隆，其意义不可低估。在中国传统的观念中，社会各行各业成员可以归于“四民”之中，即“士、农、工、商”。在这个社会结构框架之下，“士、农”为本，“工、商”为末，因而尊士轻贾、重农抑商也就成了封建社会价值观念的基本内涵。这种轻视工、商的传统价值定位，自然根植于封建社会经济结构的固有模式，是小农经济关系及以农耕方式为主要特征的低水平生产力所导致的社会价值取向。在中国漫长的封建社会中，商贸活动一直于艰难困厄的历史氛围中挣扎与徘徊。直至近代，带有商品经济特征的工商业在日渐衰败的封建经济格局内顽强地拓展，并于社会生存空间中取得了栖身之地。人们常习惯于称这一现象为中国封建社会末期的“资本主义萌芽”。它的存在价值，不仅使中国封建经济模式发生变异，而且还促使人们在社会的价值观、人生观与道德观上出现与传统相悖逆的变化。“工、商”在“末”的封建意识渐趋淡化，而“工商皆本”的新观念，不但为进步的时代思想家们公开提出，还日益在社会上深入人心，被人们所普遍接受。这一现象其实也是我国近代以来能为科学与技术发展提供精神支撑的进步历史潮流。很显然，在近现代出现的能为科技发展铺平道路的社会新理念，在很大程度上有赖于商贸的发展水平，也就是说，中国近现代科技进步所需要的时代条件是在商贸繁荣的历史背景下才有现实存在的可能性。从这一个角度看，宁波帮自明清以来在商界取得令人瞩目的地位，能在国内的大都市中纷纷建立商用会馆，一展商贾雄风，也有力地印证着宁波帮的迅速崛起，印证着宁波帮迎合历史潮流，不但为民族的工商业发展做出了贡献，而且也为有益于科技进步的社会新理念的树立与普及起到不可小觑的推波助澜的作用。大量的历史事实也已证明了这一点。早期宁波帮主要从事海外贸易与国内埠际贩运贸易。这些贸易活动，既带来了西方近代资本主义发展的丰富信息，也为国内南北文化的广泛交流搭建了沟通的桥梁。后期宁波帮，特别是在民国时期，商帮中新一代商业资本家脱颖而出，他们接受资本主义的经营思想，受到西方科技意识的熏陶，往往自身具备现代科技的专长，对新生事物十分敏感，也乐于接受，并能不失时机地开拓与当时世界科技发展紧密联系的商贸活动。在后期宁波帮的经营项目上，不单有以贸易为主的商业，还有金融业及各类制造业等，他们充分发挥在行业、资金、人才与货源等方面的优势，自觉促进新兴事业的开办，在改革世风，改观旧意识，引领社会新潮流，倡导在封建社会中从未出现过的科技立国精神与科技开发意识等方面，起到了时代领头羊的作用。《鄞县通志》有载“致五口通商后，邑人足迹遍履全国、南洋、欧美各地，财富日增”，从而影响亦更大。因此，以在外埠设立会馆为标志的宁波帮，对于促进近现代科技思想与意识在中国的传播与确立，可谓功不可没。

（二）科技实业创辉煌

如果说，近代以来宁波帮以自己出色的商贸活动吹响过科技进步的时代号角，并为营造科技发展的社会氛围做出过巨大努力，那么，还可以说，宁波帮也曾经在中国科技实业的打造上，同样有过实实在在的作为。在民族科技的发展史上，谱写过灿烂辉煌的篇章。

“科技”属于动态的概念，也是个历史的范畴，在不同的历史阶段中，可以充当“科技”内容的其实也不一样。出现于近现代中的科技形象，更多的是与人们日常的生活习惯与生活方式联系在一起，在百姓衣、食、住、行诸方面显示出与传统生活内容的不一致。宁波帮在这方面有过不俗的表现。尤其是鸦片战争之后，“西风东渐”，社会风尚发生变化，市场需求也出现新的行情。宁波帮善于抓住这一历史机遇，在保持传统行业特色的同时，不失时机地投资科技含量较高的新兴产业，在经营成功的同时也极大地推动了先进科技在生产中的运用和发展，为当时的科技走进百姓生活做出了贡献。

正是由于宁波帮大力兴办科技型的实业，国内很多城市居民的实际生活水平获得了极大的提高。在湖北的汉口，宁波帮的代表人物宋伟臣与叶澄衷于光绪二十三年（1879）合资创办“燮昌火柴第二厂”。该厂雇用工人达 1200 名，资产总量计 30 万两白银。每天可生产 4000 余万盒火柴，被世人称为“制造甚属可观”的新型企业。因生产手段及管理办法在当时均属先进，其成为中国 19 世纪末的一家大型科技型企业。

20 世纪初，宋伟臣又在汉口集资 300 万元，着手创办“既济水电公司”，数年后，水电工程均告竣工，此举大大改善了汉口居民的生活质量。这又是一家在当时科技含量最高的实业，影响巨大。由此宋氏也一跃成了汉口商界的头面人物，被选为商务总会的董事长。

在中国北方的经济中心天津，宁波帮也因其在商务运作上采用了高技术而取胜。在这个“商旅往来之帆樯，莫不栖于其境”的商贸重镇，宁波帮果断地抛弃了简陋的运输工具，而以大型帆船，俗称“北头船”的高档货船往返于宁波、上海、天津各埠之间，以其高技术的运输手段与高水平的管理技能，坐上了当时天津商界的头把椅子。在近代才发展起来的中国最大港口上海，是宁波帮的用武之地与商贸活动的最大舞台。

除了形式多样、途径众多的经商活动外，宁波帮十分关注科技型的经商项目，在科技的开发与运用上有过浓墨重彩的大手笔。

宣统元年(1909)，宁波帮巨擘虞洽卿、严义彬等在上海开办宁绍商轮公司，额定资本为上海通用银圆 100 万元，并以股份制的形式分作 20 万股，每股 5 元，赢得在沪各界人士纷纷解囊入股，实收资本达 70 万元，竟然购置了一艘 2600 吨位的“宁绍”轮，不久又添置一艘 1500 吨位的“甬兴”轮，航行于沪甬间，在中国客运史上创下佳绩。不久，虞洽卿又独资创办“三北轮船公司”等，资产总值达千万元，构成华商中最大的航业集团。在 20 世纪初期的数十年中，为科技含量很高的航运业做出了卓越的贡献。

在上海，还有宁波帮巨头叶澄衷成了首推的“五金大王”，他于清同治元年(1862)开设的顺记洋货行不但经营一般的五金杂货，还从事科技含量很高的船舶零配件业务，甚至还经营小火轮的买卖，生意一度红火，不但由“老顺记”派生出“南顺记”“新顺记”等近 40 家五金店分号，还培养出大批精通五金、机械的科技人才。上海及全国各地的五金、机械行业中的名家高手，不少就出身叶氏的“老顺记”，其为当时中国紧缺的机械类人才与提高机械加工水平起到了重要的作用。上海的宁波商人项松茂在洋货肥皂一统天下的情况下，竟然还自产自销起“五洲固本肥皂”，由于进行过精心的技术研究，由项氏开发的国产肥皂色泽纯一、不脆不裂，且经久耐用、去污力强，其技术指标与产品质量均盖过进口的洋肥皂，受到国内消费者的普遍欢迎。在此基础上，项松茂又在上海联络 30 余家同行，组成销售固本肥皂的“大成公司”，并通过代理商，将技术性能过硬的国产肥皂推销至香港、新加坡、越南等地区，在获取巨额经济效益的同时，也因国内拥有精良制皂技术而在海外赢得了良好的商业信誉。在苏州，宁波帮中的“火柴大王”刘鸿生于1920年开办“火柴无限公司”，并以科技研发带动火柴质量的提升。刘鸿生曾在自己的公司内聘请化学教授林天骥进行产品研究，改进火柴的质量。

在南京、南昌等大城市，宁波帮研制的药品，如“艾罗补脑汁”“补力多”等，由于科学成分高而赢得市场份额，广受消费者欢迎，产品常处于供不应求状态。又如，宁波帮开发的“龙虎人丹”的技术指标可以与日本的“翘胡子仁丹”相抗衡，产品也畅销各地，风行一时。在20世纪初期的二三十年中，对科技要求相对较高的公用事业，宁波帮也积极涉足其中，在自来水、电灯、电话、煤气等新式行业中积极投资的也大有人在。巨商严信厚、朱葆三等都曾在汉口、上海、广州等地开办自来水厂。宁波商人王伯元、严子均等在江苏、安徽、江西、浙江等地创办过电话公司、电灯公司、煤气公司等，使当时一流的科技成果能应用于改善城市生活，让人们直接尝到了科技成果所带来的便捷与舒适。

宁波帮在全国的许多城市中，充分利用当时的科技成果以发展自身产业，又在产业经营中传播与扩散了科技的开发与利用，从而有力地促动了中国近现代民族科技的前进步伐，此类事例不胜枚举。宁波帮对中国近现代科技的发展做过切切实实的贡献，为世人所瞩目，将永远彪炳于史册。

（三）教育为先促发展

当代宁波帮一般指在境外从事工商活动的宁波籍人士。

20世纪40年代起，由于政治经济环境的急剧变化，正处发展鼎盛期的宁波帮大批迁移境外，并于50年代初纷纷定居日本、欧美各国、东南亚和我国香港、台湾等地。他们在那里重振昔日雄风，保持着崇尚乡谊、和衷共济的优良传统，继续弘扬善抓机遇、奋进不息的创业精神，坚持相互扶助、风雨同舟，以致在境外的多种工商经营业务出现拓展与兴旺的良好局面。在香港的宁波帮，原来在内地大多有坚厚的实业基础，到了香港又获得长足的发展，成了香港商界的名流。成立于60年代的宁波旅港同乡会首任会长李达三就是“香港百人亿万富豪”之一。宁波商人王统元、曹伯元、包从兴也都先后任过该会会长，包玉刚担任过顾问。80年代成立的甬港联谊会，由香港著名工商业者王剑伟、陈远骅等出任会长、名誉会长等。商业巨子叶澄衷的族人叶庚年定居香港后，随即创办“新昌公司”，所经营的建筑、地产、海运、保险等多种业务都很成功，是香港企业中的实力派。王宽诚在香港的经营也很出色，是“香港30富”之一。曹光彪成了香港毛纺粗纺业的创始人，他创办的“永新企业有限公司”的分支机构遍布全球。“世界船王”包玉刚在60年代末组织了“环球航运集团”，后来发展到拥有210艘船只、2100万吨位的超大型航运企业，被列入在港十大财团。其他还有“电子大王”邵炎忠，纺织业巨头赵安中、包从兴，参药行名商翁伟年，服装业著名人士张富康等都在香港取得令人瞩目的成功。至于在日本、欧美、东南亚及台湾经商的宁波籍人士，有成就者亦为数众多。他们都能及时把握商机又精于经营，成了为当地区域经济发展做出贡献的有功之臣，充分赢得所在地区人民的赞誉和尊敬。而他们的所有成功，几乎无不与科技的发展相关。他们既是世界科技发展的得益者，也是所在地区科技开发与应用的积极推动者。

在新中国成立后的二三十年，身在境外的宁波人更重乡谊，当改革开放的春风吹遍祖国大地时，这批“甬俗民情朴厚、素敦恤睦之谊”的游子，就纷纷回家乡探亲访友。在此过程中，他们不仅为外商在境内投资牵线搭桥，有的又干脆在家乡兴办企业，更多的则怀抱故土乡情，造福桑梓的一腔热情，在家乡捐资办学，以培养出国家现代化建设所需要的各类人才，为今后宁波科技的腾飞打下坚实的基础。

科技以教育为先导，教育是科技发展的基石。宁波帮在自己艰辛而成功的工商活动中深明此理。他们对家乡科技发展的着眼点落在发展教育中，亦是明智之思、精明之举。20世纪80年代香港商界巨子包玉刚积极响应邓小平的号召，毅然献出巨资在宁波创办“宁波大学”。宁波大学于1986年开始招收第一届本科生，从而结束了宁波没有综合性大学的历史。之后，宁波帮中如邵逸夫、赵安中、闻如根、曹光彪、李达三、林杏琴、包玉书、顾国和等慷慨解囊，为家乡的各类学校捐献了数目可观的资金。现只就宁波大学而言，境外宁波帮给予资助的金额已逾2亿人民币，成了宁波大学近几年来得以实现跨越式发展的一个重要支撑。

二、文化积淀，传承建构

宁波帮作为商帮闻名天下，他们不仅在金融、商业、航运、工业等实业界做出了卓越的贡献，在文化领域也夺得了多个“第一”与“最”。无论是电影、娱乐界，还是出版、文博、体育界，都可看到宁波帮所占有的特殊地位。他们不断吸纳先进的理念与先进技术，创办产业，研究专业技能，他们既是这个领域中的开拓者，又是最高水平的代表者。在中国现代文化发生翻天覆地变化的进程中，宁波帮以强烈的开放意识和开拓精神有力地推动了中国文化产业与文化事业的发展。

（一）宁波帮在文化领域中的身份建构

立足于文化领域看宁波帮，可以看到这个群体的两种身份："文化产业家"及"文化事业家"。前者的目标是"商"，后者的目标是"心"。这两种质素有时分离，有时又交错地体现在一个人身上，从而显现了宁波帮在文化追求上的特色。"文化产业"作为一个术语于新世纪之交才在学术研究与文化管理领域里广泛应用，但作为一种经营类别，20 世纪初期宁波帮就已在上海开了先河。经过将近一个世纪的奋斗，宁波帮在电影业、娱乐业、新闻出版业、文物业、博物馆业、体育业、艺术业、文化科技与科研及文化交流方面，都取得了骄人的成绩。

张石川把自己创办的"明星影片公司"办成了赫赫有名的企业，他设置机构，创办杂志，开办演艺训练班，制造明星，注重管理，发展院线发行、媒体宣传等相关产业，为中国早期电影产业树立了标杆。

黄楚九首创娱乐场，他先在"新新舞台"屋顶上办起了"楼外楼"，而后又创办了出奇制胜的"新世界"，接着又建造了闻名中外的"大世界"。大世界"新奇别致，百戏杂陈"，全国南北戏剧于此会聚，各种休闲设施齐备，强烈的海派文化气息吸引着成千上万的海内外宾客，以致有了"不到大世界，枉来大上海"的说法。直到今天，"大世界"仍是一个标志，见证了中国现代市民文化的过去与现在。鲍咸昌主持的商务印书馆在20年的苦心经营中一跃成为中国乃至亚洲最大的文化出版企业，不仅打破了外国人垄断中国近代印刷业的局面，也成为中国近代印刷业全面崛起的标志和动力。他们编写各类教科书，编纂《辞源》等大型工具书，译介西方学术名著，出版当代著名作家的文学作品，整理重要古籍，编辑"文库""丛书"，出版各类杂志，创办东方图书馆、尚公小学校，制造教育器械，甚至拍摄电影，在海内外铸造了民族出版业最著名的品牌，创造了中国现代出版业的诸多第一。然而文化产业毕竟是一个特殊的行业，经济效益当然是经营者关注的目标，但似乎又不止于此。比如戏剧、电影导演应云卫为了他所热爱的戏剧、电影事业，放弃了收入丰厚的稳定职业，去做生活没有保障的"戏剧买办"，一度生活窘困到连自己的孩子都只能寄养在亲戚家里；邵洵美为了文化普及与文化教育的理想，以一种"堂吉诃德"式的精神致力于出版事业，最后不仅倾尽精力也赔光了家产；张寿镛藏书十数万，广收善本、珍本及乡贤遗著，最终又把这些都献给了国家；还有袁牧之、周信芳、丁景唐、林海峰这一群人，他们以高超的专业能力在各自领域里独领风骚，那种兢兢业业的事业心，使他们超越世俗功利将文化的发展与传承作为生命的寄托和目的。从这一点上看，"文化产业家"和"文化事业家"的区别是明显的，为"利"还是为"心"成为区分二者的突出标志。可是，问题的复杂性在于，有些获得"商业"成功的文化产业经营者，有时又会出现一种特殊的精神状态，就是为"钱"也为"心"。比如，张石川自从进入电影界就一直在这块阵地上坚守，他的搭档郑正秋曾因喜爱文明戏一度离开影业，张石川却拍了一部电影就再放不下，整整干了一辈子。他崇尚"票房价值",鸳鸯蝴蝶派影片赚钱就拍鸳鸯蝴蝶片;武打片卖座就拍武打片;左翼电影兴起,他也拍了《脂粉市场》《前程》《压岁钱》等片;他既开滑稽娱乐的先河,又是长篇正剧的导演;既是武侠神怪电影的始作俑者,又是左翼新潮的拥护者;一边拍摄进步电影,一边拍摄鸳鸯蝴蝶派影片。他的选择肯定与商业有着密切的关系,但连续几天几夜站在水银灯下拍片,自己的公司被烧毁后就到别的公司拍片,这些行为用"商业追求"做简单解释就很难令人信服了。张石川晚年身体很糟糕,可一听柳中亮请他帮助办好"大同",立刻就生知遇之感,马上答应打起精神再干一场。他在病榻之上替柳家筹划一切,一点一滴地指点柳和清工作,还勉力拍了一部《乱世的女性》。即使明白柳中亮想榨取他最后的一点东西,却仍然把自己所有的经验都告诉他。显然这已与商人的唯利是图不能同日而语。从艺术的高度去评价张石川的电影,大概精品不多。然而他视电影为生命支柱的敬业精神至今仍然给人留下深刻印象。张静庐也是如此。比起张石川,他有更清晰明确的事业意识。他说:"我是个'出版商',二十年来生活在这圈子里,姑且不论对于文化工作做到如何成绩,对于社会影响达到怎样程度,但是,我是个'出版商'而不是'书商',希望认识我和不认识我的朋友们对于我有这最低限度的了解!——这是'差之毫厘谬以千里'的分界线。"在张静庐看来,出版商和书商虽然都是在做关于书的生意,都关心利润,但他们的追求目标却十分不同。出版商有自己的责任和使命,他所关心的并不仅仅是账单;而书商则将盈利放在首位,出版或书只不过是赚钱的工具而已。他是以做文化事业的精神来做文化产业,其境界要远远高于商业的追求。这当是宁波帮在文化产业经营中非常突出的一个表现。

(二)宁波帮文化界人士超越功利的价值观建构

尽管在文化领域内,宁波帮的身份有所不同,但他们的人生目标却有共通之处,那就是以自己的努力求得自我实现。即使他们没有在商业上获得成功,也会是专业领域里的佼佼者。这种确证自我的人生观和价值观,使他们总能令人刮目相看。美国心理学家马斯洛曾以一个金字塔图形来说明人类不同层次的需求。最基本的需求是生理需求,这是赖以生存的必需;再上一层是安全需求,是对人身安全、生活稳定的渴望;第三层是归属需求,是社会交往上的需要和满足;第四层是爱与敬的需求,关心的是成就、名声、地位;而最高层的是自我实现需求,以充分发挥自己的天赋、才能和潜力为目标,属于人最崇高和神圣的精神家园。假如从这一角度来看在文化领域中的宁波帮,会发现金钱只是他们自我价值实现的工具之一,但他们绝不会把赚钱当成人生的终极目标。应昌期作为在金融界、实业界赫赫有名的人物,并没有在商业的成功中得到巨大的精神满足,他生命中最重要的东西是围棋。他用经商赚来的财富去推动他所喜爱的围棋事业——恢复中国围棋组织,建立职业棋士品位制度,推广围棋比赛新闻,改良棋具,发明计点制围棋规则,捐资举办被称作"围棋奥运会"的应氏杯世界职业围棋锦标赛。他创造了多个世界围棋之最——第一个提出世界围棋规则要统一,第一个倡导举办世界职业围棋锦标赛,第一个举办世界电脑围棋赛,第一个推出应氏杯世界青少年围棋赛。他的朋友说,应昌期是把围棋当成自己的事业,而经商只是他的职业,无论金钱多么重要,都无法超越围棋的魅力。在他身上,我们看到了宁波帮最了不起的地方,那就是:他们既是成功的商人,又是能以金钱为中华民族赢得尊严的人,无论是应昌期创办的四年一次的"围棋奥运会",还是邵逸夫颁发的被称为"东方诺贝尔奖"的"邵逸夫奖",都将金钱的能量发挥到极致,从而在自我价值的展现中获得真正的成就感。再看上海巨商黄楚九,表面上看来他所做的一切似乎都是为了赚钱,然而在他不断开拓事业的过程中,依然能够感受到"醉翁之意不在酒"的意味。他在药业经营上取得了巨大成功,成就、名声、地位都已拥有,即使只守住这块阵地依然是沪上巨富之一员。然而他却不断涉足新领域,由药业而至娱乐业,再到烟草业、银行业、服务业,成为"百家经理"。这些作为如果只用商人的唯利是图来判断,实际上很难讲清他四面出击的心理动因——金钱虽然已经帮助他赢得了尊严与成功,但社会上的承认未必就能代表自我的心灵满足。所以如果将黄楚九对事业的不断拓展理解为他对自我价值的确证,似乎便能解释他在大世界开圃时的意气扬扬了。将心灵价值放在第一位的人,会毫不犹豫地将世人看得很重的东西轻易放弃。张寿镛在民国时期先后当过十多年的财政官员,后来却辞官办学,以藏书、读书、著书为乐。他的学生曾说:"张校长生平三大快事撤官不在其列。"他刊刻大型乡邦文献集《四明丛书》,历 11 年,汇成 8 集 184 种 1184 卷,卷帙之巨,为国内乡邦文献所罕见。无论誊写、雕版、印刷,都没有政府的任何资助,全靠个人的心力倾注。他将个人的价值定位在对民族文化的保护之上,身外之物便可以置之度外。他将藏书献给国家,又将《四明丛书》全部雕版以其夫人的名义捐赠给浙江图书馆,他藏书的价值、刊刻的价值因此得到了充分展示，他也完成了心灵意义上的自我实现。在这一类人的心中，金钱与功利并不是人生的终极目标，自我价值的实现才是最重要的。所以袁牧之会为了戏剧放弃人人都认为前途无量的法学学业，马承源会在政治突出的年代辞掉政治职务而专心于文物，应云卫、邵洵美为了自己心爱的事业败掉了家业仍然无怨无悔，这是他们给自己设计的人生之路，超越金钱，超越功利，指向信念，指向心灵。这条路纵然让他们历尽磨难与挫折，他们依然能够做到义无反顾。这就是在文化领域活动的宁波帮独具的迷人风采。他们以商人的精明，推动了中国传统商业向现代商业的转型，推动了近代中国文化产业的发展；又以书生的操守，在对事业的执着追求中体现了超越性的人生境界。

（三）宁波帮在文化领域的重要贡献

无论是经营文化产业，还是致力于文化事业，宁波帮做出的贡献都是有目共睹的。有形的贡献是他们在这一领域内创造了多个“第一”和“之最”，无形的贡献则是渗透在他们日常行动中的人格精神，而这正是宁波帮的核心精神之所在。人常说，宁波帮敢为天下先。这种可贵的开拓精神使从事文化事业的宁波人在多个领域中领风气之先。在娱乐界，黄楚九创办了中国第一家屋顶花园“楼外楼”、中国第一家综合娱乐场“新世界”，建立了远东第一大游乐场“大世界”，创办了中围第一家发行量最大的娱乐企业报《大世界报》。在电影界，张石川组织经营了中国第一个电影制片公司新民公司，导演了中国第一部有情节的故事片《难夫难妻》、第一部新闻片《上海战争》、第一部多集武侠片《火烧红莲寺》、第一部有声电影《歌女红牡丹》。在出版界，张静庐首创我国第一家以代定、代办、代理杂志发行业务为专业的新型书店；邵洵美从德国引进代表了中国当时最先进出版水平的全套影写版照相、制版、印刷设备。在报业，金臻庠创办的《时事公报》是宁波历史上发行时间最长、发行量最大的报纸。在文博界，马承源是文物抢救第一人，他主持建造的上海博物馆是“二十世纪最后的绝唱”。在体育界，王正廷是首位中国奥委会委员，舒鸿是首位奥运会篮球决赛裁判，傅其芳教出了首位中国乒乓球世界冠军，这些记于史书的辉煌既是宁波乃至中国的骄傲，也对中国的文化事业产生了巨大的推动作用。很多在文化领域奋斗的宁波帮人士，都有一个艰苦的创业过程，白手起家，惨淡经营，但历经挫折而不倒，跌倒后他们总能很快爬起来。邵醉翁的“天一影业公司”曾在“六合围剿”之下经营惨淡，但重压之下却能另辟蹊径，最终在南洋将自己的事业壮大起来。林海峰作为日本围棋划时代的人物，共赢得35个日本正式棋赛冠军，被称为“不死鸟”“常青树”“永不沉没的航空母舰”。但在20世纪60年代，他也曾连遭败绩，最后才得翻转。1965年，林海峰与当时日本棋坛新锐石田芳夫对局，曾经九连败。在接下来的七番棋决赛中，又连输三盘。1973年，林海峰在第12届名人战中遭到石田芳夫九段的强有力挑战，对方开始以3比0领先，可林海峰毫不气馁，竟然连取四胜，使日本围棋史上第一次出现了三连败后反败为胜的案例。他以相扑“二枚腰”式的精神力量做支撑，处于劣势也绝不放弃，拼尽全力，坚持到底，从而在最后关头造成逆转。这应该是宁波帮屡获佳绩的内在力量。开拓之源在于创新，走向成功则需要百折不回，需要敬业精神。宁波帮的文化人士便做出了这样的榜样。张石川为中国电影献出了毕生精力，他静下来的每一分钟都在考虑编剧本的问题，生活极其单调，除了拍戏，还是拍戏。他一生编导了156部影片，成为中国早期电影作品最多的导演。黄楚九办“大世界”，可谓用心良苦，他仔细研究大众心理，投其所好，以低廉的票价满足游人的好奇心、凑热闹心，满足文人雅士的闲情逸致。不仅京戏、地方戏、南北曲艺、杂耍、魔术应有尽有，还有哈哈镜、诗谜、小报凑趣，更有从美国引进的惊险格斗片及其他娱乐设施供人玩乐。“大世界”之所以能成为远东最大，成为上海的标志，在很大程度上取决于这个“花花世界”的丰富多彩。而它的兴盛显然与经营者的敬业之心有着直接的关系。敬业的核心是对消费群体的了解和经营中的服务意识。只有社会公众接受了经营者所提供的文化、娱乐产品，才能实现经济效益和社会效益。黄楚九在娱乐业中投大众之所好设置项目既考虑了消费者的需求，也体现了服务的基本宗旨，所以才会有日达两万人的盛况。张静庐的光华书局、上海杂志公司从细节上体现出服务的温暖人心，从而使读者数量大增。当年张静庐爱书却没钱买书，只好到书店林立的棋盘街上去当“巡阅史”，现在他出书卖书，就把大门向这个人群敞开。他采用开架售书的方式，竭诚欢迎没有钱买书的读者自由自在地翻看所需要的书籍和杂志。这个开现代中国开架售书之先河的举动，显现了文化产业推广文化事业的自觉精神，直到今天还为人们所沿用。张静庐后来开办上海杂志公司，替读者代订杂志，提出“改订、退订的绝对自由”的原则，更将服务精神贯彻到细枝末节，从而使读者对上海杂志公司充满信任。张静庐因此而大获其利，取得了商业上的成功。

文化领域里的宁波帮为“利”、为“心”，也为“义”。在国家遭受外侮之时，宁波帮讲原则，重气节。巴黎和会上，任北洋政府外交总长的王正廷正气凛然地拒绝在《巴黎和约》上签字；就连青帮头子黄金荣也开放了“荣记大世界”“黄金大戏院”安置无家可归的难民。抗战时期，柳氏兄弟停办“国华”影业公司不与日伪为伍；金臻庠登报声明他的《时事公报》已被日伪抢走利用；邵洵美在这个非常时期创办了多种刊物反映人民的呼声——《时事日报》《自由谭》不仅揭露日寇的暴行和汉奸的无耻，还向读者推荐毛泽东的《论持久战》，直至在日本特务的威胁恫吓下被迫停刊。宁波帮“见利思义”，不赚“昧心钱”的骨气在此可见一斑。

三、民族大义，爱国爱家

宁波商人是热忱的爱国者。在历史上，宁波帮人士中，有同情和支持孙中山民主革命的，有在民族危难中舍生取义的。至于热心慷慨解囊相助公益事业的更是不乏其人。早在1905年，旅日爱国侨胞吴锦堂先生就回国办学和兴修水利，出资30余万银圆在家乡慈溪创办锦堂学校，兴建杜湖、白洋湖两个水库。他的办学义举享誉海内，与著名华侨陈嘉庚齐名。中国化学工业社创办人方液仙，在1932年“一·二八”事变和1937年“八一三”事变中，两次办伤兵医院，救护大批抗日受伤战士。他的爱国立场引起日本侵略者的极端仇视，后被日寇杀害。著名企业家项松茂，创办五洲皂药厂，产品久享盛誉。1931年“九一八”事变后，他组建义勇军，自任营长。为营救11名职工，甘冒万险，两次深入虎穴，被捕后不畏强暴，面斥敌酋，正义凛然，终遭杀害。其子项绳武克承父志，宁断手而拒与敌人签约合作。抗美援朝时期，港胞王宽诚先生率先捐献一架飞机和其他物资，并认购公债，支持抗美援朝和祖国建设。目前，旅居在外的宁波帮的“叶落归根”的传统思想和“落地生根”的创业精神，得到了非常完美的体现，形成了特有的成就价值观念。他们斥巨资造福社会、反哺故土，且代代相传。从19世纪末期的“五金大王”叶澄衷先生捐地出银在上海兴建上海澄衷蒙学堂（后改名为澄衷中学），并在家乡镇海建立叶氏义庄（后改名为中兴学堂），到20世纪以来的包玉刚、邵逸夫、包从兴、赵安中等在事业成功后，捐巨资兴办国家和家乡的社会事业，邵逸夫向国家教育事业和其他公益事业捐资就达26亿多港元，包玉刚创建了宁波开埠以来的第一所综合性大学。他们的义举体现了宁波帮对祖国母亲的一片赤诚。

（一）抗战时期宁波帮的贡献

抗战爆发后，一批著名的宁波帮企业家及其企业内迁到了后方地区，在艰苦的战时环境和缺乏工业基础的经济环境中奋力发展，为中国的抗战事业、为后方地区的经济发展做出了贡献。

1. 余名钰及其经营的渝鑫钢铁厂。

余名钰是以经营钢铁业为主的宁波镇海籍著名企业家，曾经留学美国获冶金硕士学位，回国后开过钨矿、锡矿，并在云南和浙江担任过行政官员。1934年9月，他在上海杨树浦齐物浦路创办大鑫钢铁厂，自任总经理兼总工程师。到抗战爆发前，大鑫钢铁厂已经发展成为全国规模最大的民营钢铁厂，余名钰也成为钢铁工业界的知名企业家。1937年“七七”

事变发生后的8月12日，负责上海工厂内迁事宜的厂商组织——上海工厂联合迁移委员会正式成立，余名钰是其11位委员之一。8月20日，大鑫钢铁厂领到铁道部迁厂贷款，患了阑尾炎的余名钰毅然带病安排内迁。12月1日，余名钰与卢作孚负责的民生公司在汉口签订合作协议，共同组建大鑫钢铁渝厂股份有限公司，余名钰为总经理兼总工程师，卢作孚担任董事长，不久又奉命改名为渝鑫钢铁厂股份有限公司。由于民生公司当时军运任务极为繁重，余名钰为快速装运，于12月初租用7艘木驳、2艘拖轮，将重要机件运到宜昌，再交民生轮舶转运。

到1938年2月9日，300多名员工和许多机件全部由民生公司运到重庆，并迅速在民生公司江北堆栈成立临时工厂开始生产。在企业重建、复工的过程中，余名钰以一个优秀企业家非凡的勇气，在敌机轰炸下“炸了建，建了炸”，深受同行敬佩。卢作孚也称赞余名钰是一位敢于做“人不肯做的事”的企业家。渝鑫钢铁厂建成后，员工约700人，其中技工300人，是后方重要的大型私营钢铁企业，也是当时后方民营钢铁厂中唯一一家能够轧制钢品的厂家，设备齐全，产品种类多，并能自己制造设备，“钢铁多供兵工厂需要，业务亦佳”，于是添造大批设备分装重庆总厂。1938年夏，渝鑫钢铁厂又在土湾对岸的江北石马乡设立第一分厂，从事轧钢、拉线、制钉等业务，在北碚江家沱设立第二分厂。为谋原料自给，渝鑫钢铁厂还在四川涪陵（当时涪陵归属四川）承租矿洞岩铁矿。在资本方面，1939年12月渝鑫钢铁厂资本扩大到120万元，1940年6月扩大为200万元，并收购北碚后峰岩深灰沟煤矿采煤炼焦。此外，渝鑫钢铁厂还投资大鑫火砖厂、清平煤铁厂、中国金属制片厂等厂矿。渝鑫钢铁厂的发展还引起中共的高度关注，1942 年 1 月，周恩来曾经为该厂题词："没有重工业，便没有民族工业的基础，更谈不上国防工业，渝鑫钢铁厂的生产，已为我国民族工业打下了初步的基础。"1943 年渝鑫钢铁厂资本增加到 1000 万元，工人达到 1000 多人，其中技术工人 800 多人。到抗战胜利前夕，渝鑫钢铁厂在后方除土湾占地百余亩、厂屋 20 多幢的总厂外，还有分厂矿 5 处，投资有关事业 4 处。在后方企业家组织中，余名钰从迁川工厂联合会成立起，就担任理事(开始称为执行委员)，1939 年重庆金属冶制业同业公会成立，余名钰被推举为理事长。到抗战结束后，渝鑫钢铁厂在 1946 年底由于经济困难办理总遣散，留下部分不愿离开的员工实行部分开工，维持到新中国成立初期为人民政府接办，成为重庆特钢的前身。

2. 胡西园在后方的企业活动与其他活动。

胡西园是以经营电器为主的著名宁波帮工业家，他经营的是国货厂商中第一家生产电灯泡的上海著名华商电器制造厂，灯泡日产量可以达到 25000 只，抗战以前"凡是有电的地方，就可以发现亚浦耳的商标，亚浦耳的电灯泡、电风扇、电炉、马达"。

抗战爆发后，上海亚浦耳电器厂总厂和分厂被日军强占，电机厂在炮火中化为灰烬。不甘屈服的胡西园在上海公共租界重建亚浦耳电器厂，并向海外的南洋、印度、澳洲等地寻找出路，"收获倒也可观"。随着战局恶化，胡西园把亚浦耳电器厂部分机件内迁，在湖南辰溪设立亚浦耳电器厂分厂，每月生产电灯泡 5000 只，他本人则于 1937 年底到了重庆。后辰溪亚浦耳电器厂分厂也迁到重庆，胡西园利用这些设备，并集股

300万元，于1943年4月在重庆沙坪坝创办了西亚电器制造厂，自任总经理兼厂长，生产电光牌电灯泡。西亚电器制造厂成为“后方电灯泡厂设备最完善、出品最丰富之一家”，每日最高产量为电灯泡1万只。胡西园在后方创办的工厂还有四川新亚热水瓶厂、开远松香厂、开泰化工厂及湖南中国实业公司等企业。作为大后方工业界巨头之一，胡西园虽然主张在抗战期间“必须埋头苦干，少讲话多做事”，还是被推举担任迁川工厂联合会常务理事及该会所属工业经济研究所主持人。1942年底开始，后方工业界为应对企业发展中越来越突出的困难，开始强烈呼吁国民政府当局制定“工业会法”。胡西园一贯主张工业界应有独立的团体组织，又被推举为工业会立法问题起草人。1943年初，后方工业界筹备成立全国性工业联合会，由于当局只允许成立学术性团体，遂定会名为中国全国工业协会，胡西园担任筹备主任。1943年4月22日中国全国工业协会在重庆迁川大厦召开大会宣告成立，化学工业家吴蕴初担任理事长，胡西园成为该会常务理事之一，一度代理理事长。协会成立后迅速成为后方五个主要的工业团体之一，直接推动了1943年6月第二次全国生产会议的召开，并为后方企业解决了许多实际困难。抗战胜利后，国民政府对后方民营工厂的军工订货完全停止，致使后方民营工厂陷入一片混乱。为此，迁川工厂联合会与全国工业协会等重要工业团体在重庆联合召开会员大会，协商讨论出了解决困难的四项办法，并推举胡西园、胡厥文、吴羹梅等人为代表，向国民政府交涉。胡西园等人的不懈努力，促使蒋介石做出了发放50亿元工业贷款给内迁工厂的决定。9月上旬50亿元贷款在迁川工厂联合会发放给近300家迁川工厂，解了部分内迁工厂的燃眉之急。重庆谈判期间,胡西园作为大后方著名工商界人士之一,在 1945 年 9 月 17 日受到毛泽东同志的接见。

1945 年 10 月 19 日,周恩来应中国西南实业协会邀请,在该会主办的星五聚餐会上做了《当前经济大势》的演讲。这次演讲是抗日战争胜利后特别是重庆谈判以后,中国共产党人第一次直接面对众多的工商界上层人士,系统、全面地阐述党对包括私有财产制度、资本主义、和平与发展在内的经济问题和社会问题的主张。周恩来的演讲引起了与会者的强烈共鸣,在消除民族工商业者对中国共产党的疑虑,增进他们对共产党的了解,团结广大工商业者,巩固和扩大统一战线方面,起到了十分积极的作用。而胡西园则是这次具有重要意义的演讲会的大会主席,对于演讲会的成功,功不可没。

3. 刘鸿生在后方的企业活动与其他活动。

刘鸿生是民国时期著名的宁波帮实业家,第一次世界大战期间,他租了数十条轮船从秦皇岛运销开滦煤到上海,获利丰厚,迅速成了百万富翁,此后又通过一系列的实业活动,成为"煤炭大王""火柴大王""企业大王"。到抗战爆发前,刘鸿生投资的事业,广泛涉及火柴、水泥、煤炭、毛纺织、搪瓷、银行等十大类,成为上海工商界的名人、宁波旅沪同乡会会长。1937 年上海"八一三"抗战期间,刘鸿生一方面把他在上海的企业大厦提供给主持厂矿内迁的机构使用,同时对当时的厂矿内迁又不以为然,甚至认为工厂迁入内地,"犹如鱼入枯井,无以为生",并提出在安徽芜湖创建"中国战时自由港"的不切实际的主张,结果延误了刘氏企业内迁的时机。上海沦陷后在日方不断威逼利诱其出面担任伪职的情况下,刘鸿生于 1938 年 6 月秘密离开上海到香港。7 月初,刘鸿生从香港踏上了去西南和西北各省考察的旅程，经过实地考察，他迅速改变了看法，认识到在后方设厂“非但能谋利，而且可救无知之愚民”。回港后他一面筹建香港大中国火柴公司，一面安排在重庆合办华业和记火柴厂，在四川筹办中国毛纺织厂，香港成为刘氏企业的指挥中枢。1940 年 4 月，资本 30 万元的香港大中国火柴公司建成投产，不久便成功自制火柴原料，于是刘鸿生进一步从上海转移资金到香港。重庆华业和记火柴股份有限公司资本 25 万元，由大中华火柴公司九江裕生火柴厂迁川设备和部分原料作价与重庆华业火柴厂合作改组而成，刘鸿生任董事长兼总经理，1939 年 6 月开工生产，年产火柴 2000 多箱。

1939 年 9 月，大中华火柴公司又与川黔火柴工商业联合会筹资 30 万元，创办中国火柴原料厂股份有限公司，刘鸿生为董事长，制造厂设在四川长寿。1940 年 1 月，该公司增资为 100 万元；1940 年 5 月，该公司在重庆成立本部。1939 年 5 月，刘鸿生又发起创办中国毛纺织厂，厂址选定巴县李家沱工业区，占地 113 亩，1940 年 1 月正式成立，资本 400 万元（其中经济部 100 万元）。该厂机器设备部分来自上海章华毛纺织厂，部分购买自英国、上海、香港，工程技术和管理人员“均从上海招来”，包括上海章华毛纺织厂原班人马。1940 年 12 月，刘鸿生应蒋介石电邀飞抵重庆，刘氏企业的指挥中枢由此转移到了大后方。重庆华业和记火柴厂建成后连年盈利，得以扩充资本，到 1944 年时资本额已经增加到 150 万元，固定资产价值达 2000 万元。中国火柴原料厂在 1941 年春时资本总额已达到 200 万元（其中财政部官股 100 万元），同年 12 月，该厂改组为特种股份有限公司。该公司成立后也连年盈利。到1943年资本增加为1200万元，资产总额在1945年6月已达法币92600万元。中国毛纺织厂还与复兴公司合资500万元在兰州创办西北洗毛厂，1943年8月建成投产。1943年，刘鸿生又发起筹办兰州西北毛纺织厂，1945年1月建成开工，资本额为1亿元。

整个抗战期间，刘鸿生在大后方相继创办或投资的企业，有火柴厂和火柴原料厂8家、毛纺织厂3家、水泥厂2家，给水、电力、电磁、制帽等厂各1家，在火柴工业、毛纺织工业中有着举足轻重的地位和影响。抗战期间，刘鸿生还应邀担任火柴专卖公司总经理。火柴专卖公司成立于1942年4月7日，是国民政府在后方地区推行火柴专卖政策的主要机构。此外，刘鸿生在抗战期间还担任了中国西南实业协会监事、重庆中国国货厂商联合会理事、宁波旅渝同乡会会长等职。重庆谈判期间，刘鸿生作为大后方著名工商界人士之一，在1945年9月17日也受到毛泽东的接见。

4. 虞洽卿在后方的企业活动。

虞洽卿是中国近代史特别是民国史上著名的民族资本企业家。1915年创办了三北轮埠股份有限公司，战前有轮船41艘，吨位达62573吨，其轮船主要航行于沿海一带和长江航道。抗战爆发后，三北公司的轮船先后有7艘被国民政府有关方面征用，另有7艘暂时转移国籍，所余轮船一面投入战时运输，一面内迁。1937年8月底，三北公司与轮船招商局、民生公司根据国民政府交通部命令在南京成立长江航业联合办事处，“凡是京中公用物品，抗战部队，军需用品，兵工厂的器材都交给这个联合办事处装运”。在武汉以下长江航线的物资抢运中，三北公司发挥了重要的作用。特别是当武汉危急时,1938 年 5 月 1 日,国民政府与长江航业联合办事处相关的三北公司、民生公司、招商局 3 家公司签订运输汉口 8 万吨重要兵工器材的特约。5 月 3 日开始抢运,到 10 月武汉沦陷前全部抢运完毕,三北公司和招商局仍然是武汉到宜昌间运输的主力。三北公司退入川江的轮船总吨位约有 1.5 万吨,但是由于川江航行条件与沿海情况完全不同,这些轮船基本不能在川江行驶。

1941 年春,虞洽卿离开上海经香港到重庆后,向通惠公司购进“长通”“涪通”“渝通”3 艘轮船,改名为“渝丰”“涪丰”“寿丰”,另购进“大东”轮改名为“蜀丰”,在后方重建三北公司,并于同年开始在川江营业,虞洽卿仍然担任总经理,整个公司有 50 多人,有小轮四五艘,航行于重庆到叙府、丰都、万县之间,虽然“营业甚为清淡”,却仍然是集中于后方四川地区的 15 家轮船公司之一。三北机器造船厂于抗战爆发后内迁到汉口,再迁重庆,在重庆江北头塘惠观湾租地建厂复工,直辖于三北总公司,全厂职工 160 多人,多数是随厂内迁的熟练技工,业务方面以修理船舶为主,制造机器零件为辅,虽然不能建造大量轮船,但是由于后方造船厂不多,因此“该厂颇具重要地位”。虞洽卿在重庆还与王晓籁等筹资 20 万元合组三民运输公司,自任总经理,从国外购买大型卡车数十辆,从事物资运输。1942 年日军侵入缅甸,仰光、曼地勒、腊戍等战时货物集中地货物价格猛跌,虞洽卿又与滇缅公路当局合组三北运输公司,从国民政府财政部借得一笔外汇,在香港购买载重三吨的卡车 300 辆,从仰光贩运大后方急需的汽车零部件、五金器材等。有史料称,当时虞洽卿已 70 多岁高龄,“躬自巡视全线,作实地之考察,历时兼旬,旅途困顿,仅以糗粮果腹,而先生甘之如饴，其热忱毅力，老当益壮，洵非常人哉”。此外，虞洽卿还在1941年筹组西北企业公司，并一度拟筹组兴华冶金公司以开采湘西金矿，可惜没有结果。

抗战时期后方地区的宁波帮企业和企业家当然不止上述这些，包括包玉刚等在内的许多宁波帮企业家在后方也相当活跃，甚至卢绪章也以宁波帮企业家身份与后方著名企业家卢作孚等在重庆共同创办了保险公司，并担任董事长。总的看来，后方地区的宁波帮企业家和企业在数量上并不占多大的优势，但是由于有一批经验丰富的著名企业家和若干有广泛影响的大企业发挥了骨干作用，宁波帮企业和企业家仍然能够在后方的毛纺织业、五金业、钢铁业、火柴业、电器业、轮船运输和公路运输等行业和后方企业家群体中占有比较重要的地位，产生了重要的影响，是宁波帮发展史上值得注意的一段重要史实。

（二）宁波帮对辛亥革命的影响

辛亥革命是20世纪中国人民为争取民族独立和富强而进行的一场伟大斗争。对此，长期以来学术界进行了比较深入的研究，可谓硕果累累。尽管如此，在如何看待辛亥革命性质等一些重大问题上，至今学术界包括国外学者仍存在不同看法，有的海外学者认为辛亥革命是一场没有资产阶级参与的资产阶级革命，甚至认为它不是一场资产阶级革命。因为参加这一革命的多是会党分子、新军或失意的知识分子，资产阶级对这场革命是冷淡的，甚至置身事外。事实果真如此吗？当年资产阶级到底对辛亥革命持何种态度？笔者认为从当时活跃在中国最大的工商城市上海的宁波帮对这场革命的态度中能找到这一问题的答案。

宁波与上海临近，交通便捷，俗称一苇之航。鸦片战争前就有不少宁波人前往上海经商。1843 年上海开埠后，由于其有利的地理位置与广阔的腹地，上海迅速发展成为全国最大的贸易、金融与工业中心。上海的崛起吸引了一代代宁波人前往，去谋生创业，“挈子携妻游申者更难悉数”。当时旅沪宁波商人人多势众，成为“来沪经商而最有手腕和力量的帮口之一”。其势力已遍及上海各主要行业，在金融、商业、航运、工业诸方面更是举足轻重。与此同时，宁波商人以其在商界的影响和号召力，以及遍及上海各主要行业的势力为后盾，一直掌握着上海总商会和一些主要行业组织的领导权。如由宁波商人严信厚发起成立的上海商业会议公所（后改为上海商务总会、上海总商会）是一个足以控制上海金融贸易和影响全国商业的商人团体。自 1902 年成立至 1912 年，宁波帮领袖人物严信厚、周晋镳、李厚佑担任了其中七届的总理（会长）。在上海总商会会员和会董中，宁波帮一般占 30%—40%。当时宁波帮在上海总商会中的势力如此之大，以至于法国著名学者白吉尔在研究两者关系后得出结论说“上海总商会似乎只能算是四明会所的一个分所”，至于上海其他各种商会和一些主要行业公会如闸北商会、上海县商会、上海钱业公会等团体，宁波商人无不占有重要地位。为此，在辛亥革命前夕，上海报纸说：“要之上海本国商人之势力，当以宁波商人居王位。”19 世纪末，随着宁波商人在上海商界势力的日益增强，他们还积极参与上海社会政治活动，在一定程度上成为上海工商界的代言人和左右公众舆论的重要力量。当时他们常常参与内政、外交事务，在一些引起社会震动和举国上下关注的重大事件中率先表态、带头发难和开展活动。如1905年抵制美货运动和此后开展的收回利权、保路运动中，宁波商人都相当活跃。1905年，上海发生英国领事侮辱华人会审官金巩伯事件，激起上海大规模罢市罢岗风潮。为平息事端，虞洽卿、朱葆三等宁波帮领袖人物积极奔走，居中调停，终于使工部局做出让步。从上可见，辛亥革命前夕，宁波帮不仅在上海商界有举足轻重的地位，而且其影响深入社会政治领域。其言行在当时中国资产阶级最集中、最活跃的上海资产阶级中无疑是有代表性的。

辛亥革命期间，宁波商人在上海等地是十分活跃的，可以说，他们不仅对孙中山领导的辛亥革命程度不同地表示同情和支持，更有不少人直接参与这场革命活动，为辛亥革命特别是上海及江浙地区辛亥革命的胜利做出了重大贡献。宁波商人参与和支持辛亥革命主要分两个阶段，即在武昌起义前支持孙中山、陈其美等革命党人从事革命活动与反清武装起义；武昌起义后，则帮助革命党人夺取和巩固政权。支持的方式多以经济为主，政治、军事为辅。从事航运业的赵家蕃、赵家艺兄弟是宁波中小商人的代表，他们从一开始就直接参与这场革命，表现出了最大的革命性。1904年，赵氏兄弟同赴日本留学，其间，他们结识了孙中山，并加入同盟会，成为孙中山最忠实的追随者。次年，赵家蕃与张静江先后去法国巴黎经商，所获利润全部用于资助孙中山从事革命活动。“计人杰先后所输金百数十万，君亦数万。”1906年，赵氏兄弟回国，他们居住的位于上海平桥路姗家园的赵公馆，成为当时海外革命党人与上海革命党人联络通讯的秘密地点之一。1907年，孙中山先后在两广地区组织发动潮州、黄冈起义，惠州七女湖起义，钦州、廉州起义，镇南关起义，所需款项巨大，为此孙中山到处奔波筹集。从陈其美处获知孙中山的困境后，赵氏兄弟十分着急，而当时他们在上海经商，手头现金不多，为此，他们双双赶回宁波，把祖传田产全部低价售出，以所得现款悉数捐给孙中山。此后，赵氏兄弟对革命党人仍多有资助，有时甚至不惜变卖饰物相助。当时革命党人形容他们对革命的支持是"有求必应"。为宣传发动革命，1910年赵家蕃与沈缦云等人出资支持于右任在上海先后创办《民呼报》《民吁报》《民立报》，为革命鼓与呼。"集资创办报社，始日民呼，满政府忌之被锢，乃创《民立》《民吁》。"特别是1910年10月创办的《民立报》，其是辛亥革命期间革命党人在国内销路最广、影响最大的一份报纸。其报社则是革命党人在沪活动基地。武昌起义后，该报连日刊登专电、短评，鼓动革命，激励民气，销路激增，为推动革命形势的发展起到了很好的宣传作用。此后，赵家蕃又支持徐亚夫等创办《民意报》。其间，赵氏兄弟已放弃经营活动而专心于革命事业。1911年7月，赵家蕃在上海协助陈其美组织同盟会中部总会，不久在赵家艺主持下，同盟会宁波支部成立，赵家艺任会长。同年11月5日，宁波光复，赵家艺被推举为宁波军政分府参谋议长，总揽庶政。不久，宁波局势稳定，赵家艺辞职回沪经商。1912年，孙中山在南京就任临时大总统，委赵家蕃担任全国造币厂厂长，不久孙中山辞职，赵氏也辞职返沪。

朱葆三、虞洽卿是辛亥革命期间上海宁波帮的领袖人物，也是当时上海滩的风云人物。进入20世纪后，以他们为代表的宁波帮上层分子尽管对清政府腐败无能、丧权辱国的行径表示不满，但仍寄以幻想。为此，1906年12月，当张謇、汤寿潜等在上海发起成立“预备立宪公会”时，朱葆三、虞洽卿、周晋镳、苏葆笙、李薇庄都加入成为会员。但随着清政府假立宪、真专制面目的彻底暴露和革命党人的影响，他们也逐渐有所醒悟，对革命党表示同情与支持。正如丁日初先生分析的：“随着清政府的顽固腐朽与对外屈服的进一步暴露，人民反抗斗争的愈益高涨，上海上层资本家中的一部分人对政府的幻想最终破灭，最后选择了革命的道路，参加了同盟会。”对此，虞洽卿自述“自经劝业会之后，蓄心革命事了”。最早由虞洽卿发起创办的上海商团是上海商会控制的一支武装力量。1911 年初，根据同盟会的指示，沈缦云、叶惠钧等人将上海商团组织转变为反清武装力量。此事无疑得到了虞洽卿的首肯。同年 4 月，在虞氏支持下，全国商团联合会在上海成立，虞洽卿任名誉会长。随后，上海商团加紧进行军事训练，发展成为一个很有战斗力的军事组织，后在光复上海战役中发挥了主力军的作用。当时，他们一鼓作气攻下上海道县公署，接着又攻占了民军久攻未克的江南制造局。其间，虞洽卿与上海革命党人首领陈其美关系相当密切。虞洽卿多次出资支持陈其美，并为其筹款购置枪械，以供起义之用。为掩护革命党人活动，辛亥革命前夕，虞洽卿与朱葆三等宁波商人在上海公共租界组织“宁商总会”。该会向香港英政府注册，持有公共租界工部局第一号总会执照，即所谓特别照会。有了这张护身符，公共租界巡捕房也不能随便搜查，宁商总会一时成为掩护革命党人活动的重要场所。1911 年 10 月 10 日，武昌起义的消息传来，上海市场急剧动荡，许多钱庄、银行关门，各业经营与市民生活被严重影响。为稳定金融，维护社会治安，陈其美洽商于虞洽卿，得到后者的大力支持。虞洽卿一面派人投函、分送工商各界，并以消息形式在报上刊登以消弭不必要的恐慌；一面与沈缦云、王一亭等同盟会员分头向各行业广为宣传、解释，全力维护市面，终于使市场渐趋稳定，人心也趋向安定。武昌起义后，上海革命党人原定于11月5日在上海起义。但11月2日，虞洽卿忽然从宁绍公司汉口分公司发来的电讯中获知清军五艘军舰自汉口下驶，不日将抵上海吴淞口，准备装运江南制造局大批枪械弹药，以接济进攻汉阳的清军。虞洽卿立即将此情告知陈其美，陈其美感到如果这些军舰被用来对付上海的起义力量，势必会给起义带来重大障碍。与此同时，当时兼任上海道署总账房的朱葆三也向商团司令部（设在今香港"影视大王"邵逸夫之父邵玉轩所设"锦泰昌"颜料号）提供了两江总督关于镇压革命党人的密令："上海革命事起，商团尽叛，已命南京、松江两地进兵，无论革命党、商团，擒获者全部正法。"形势危在旦夕，上海革命党人决定在清军援兵抵达之前，提前于11月3日举行起义。起义胜利后即于11月6日成立沪军都督府，虞洽卿任首席顾问，随后又担任闸北民政总长。

镇海柏墅方家和小港李家是宁波帮最具经济实力的家族财团。辛亥革命期间，这两大家族都有成员参与这场革命。上海起义前，方樵苓经虞洽卿介绍认识陈其美后，即对革命党人表示支持，不仅捐献巨款，又发起组织"革命军饷征募队"，与其任子方椒伯分头向各商铺富贾劝募民军经费，成绩卓著。

1912年南京临时政府成立后，为摆脱财政困难，曾发行公债，方樵苓与虞洽卿都巨额认购，以示支持。小港李氏三兄弟李云书、李薇庄、李征五是上海辛亥革命的风云人物。他们都在辛亥革命前加入同盟会。上海光复之役开始时，李征五曾募兵组织沪军光复军，自任统领，“自将数千为光复军，驻闸北以为之援”，并在攻打江南制造局的战斗中表现出卓越的指挥才能。随后他又发起组织中华民军协济会，作为筹饷的统一机关，“预算北伐经费，以期准备军需，而作民军后援”。李云书则担任江浙联军总兵站总监，为保障前方军需供应竭尽心力。其间，李征五曾与虞洽卿、周晋镳、朱葆三等宁波帮头面人物及李平书、王一亭等商界人士组织“敬礼海陆军人大会”，为参加北伐的将士助威。在此值得一提的是，当时孙中山的革命活动还得到了旅日宁波巨商吴锦堂的大力支持。1895 年，孙中山在发动广州起义失败后辗转日本神户时，与神户侨领吴锦堂相识，并建立了深厚的友谊。此后孙中山得到吴氏的多方资助。孙中山来神户时多下榻于吴氏私宅。1911 年同盟会神户支部成立时，吴氏出任支部长并让出私宅充作同盟会办公之用。1912 年初，吴锦堂还先后资助上海和宁波军政府经费 4 万元。1915 年，孙中山与宋庆龄在日本结婚时，吴锦堂亲往道贺。为褒扬吴氏对革命的贡献，孙中山曾手书“热心公益”匾额送给吴锦堂。辛亥革命后，尽管孙中山的政治生涯时沉时浮，但他与宁波商人的关系一直相当密切。正是这种密切的交往和宁波商人对革命的支持态度，使以振兴中华、发展民族工商业为己任的孙中山对宁波帮寄予厚望。

1916 年 8 月 22 日，孙中山在赵家艺陪同下考察宁波。在省立四中举行的宁波各界欢迎会上，他对宁波商人予以高度评价，说“宁波人素以善于经商闻，且具坚强之魄力”，并说“宁波开埠在广东之后，而风气之开通不在粤省之下，且凡吾国各埠，莫不有甬人事业，即欧洲各国，亦多甬商足迹，其能力与影响之大固可首屈一指者也”。

当然，宁波帮是一个包含各阶层人士在内的地域性企业家群体，出于对自身利益的考虑，他们对辛亥革命的态度不可能是完全一致的，在不同的时间，即使同一群体对这场革命的态度也会有所变化，如曾为上海辛亥革命积极奔走的虞洽卿，当袁世凯取代孙中山成为中华民国总统时，曾对袁氏寄予厚望。为此，他反对“二次革命”，竭力阻挠国民党人运动浙江独立之计划，力劝浙督朱瑞持中立态度。但当袁氏公开称帝后，虞洽卿又加入反袁行列，此后他一直支持孙中山及其革命党人。从主流倾向来看，宁波帮从中小商人到工商巨子，从家族财团到旅外侨商，对辛亥革命多持同情与支持的态度，有的直接参加这场革命运动，为辛亥革命的胜利做出了重要的贡献。

第五章 深怀造福桑梓之情

乐善好施、造福桑梓是宁波帮的优良传统与人文美德，正如孔子所说："君子怀德，见贤思齐焉，见不贤而内自省也。"许多宁波帮人士在外发展后纷纷回家乡造福乡亲。宁波帮的赤子丹心有史可鉴，无论离家有多远，最真挚的是爱国心，最深切的是家乡情，心脉里流淌的永远是故乡的血液，相思中最牵绕的永远是故乡的身影。宁波帮在家乡筑桥修路、投资实业、扶持公益、热心教育。建于1936年、曾是宁波市地标的灵桥，就是旅沪宁波帮奉献的；宁波第一家现代工厂就是旅沪宁波绅商严信厚集资5万两，于1887年在北门外湾头一家手工轧花坊基础上创办起来的；19世纪末20世纪初，以叶澄衷为代表的诸多宁海帮人士率先在家乡斥资办学，当之无愧地成为掀开20世纪中国教育近代化序幕的宁波帮先驱。1984年邓小平的指示精神传达后，宁波帮积极回应家乡的召唤，义不容辞、勇担重任，合心合力，众志成城，为家乡的兴盛繁荣奉献自己的绵薄之力。成千上万散居世界各地的宁波帮积极响应，捐赠款项达十几亿元人民币。包玉刚自称"我是宁波的大使，宁波的事情也是我的事，我愿帮助宁波跑腿"；他率先捐资倡议成立的宁波大学，可以说是海外宁波帮的爱心结晶。宁波帮人士在报效家乡、建设家乡的火热实践中抒写着赤子情深的新篇章。

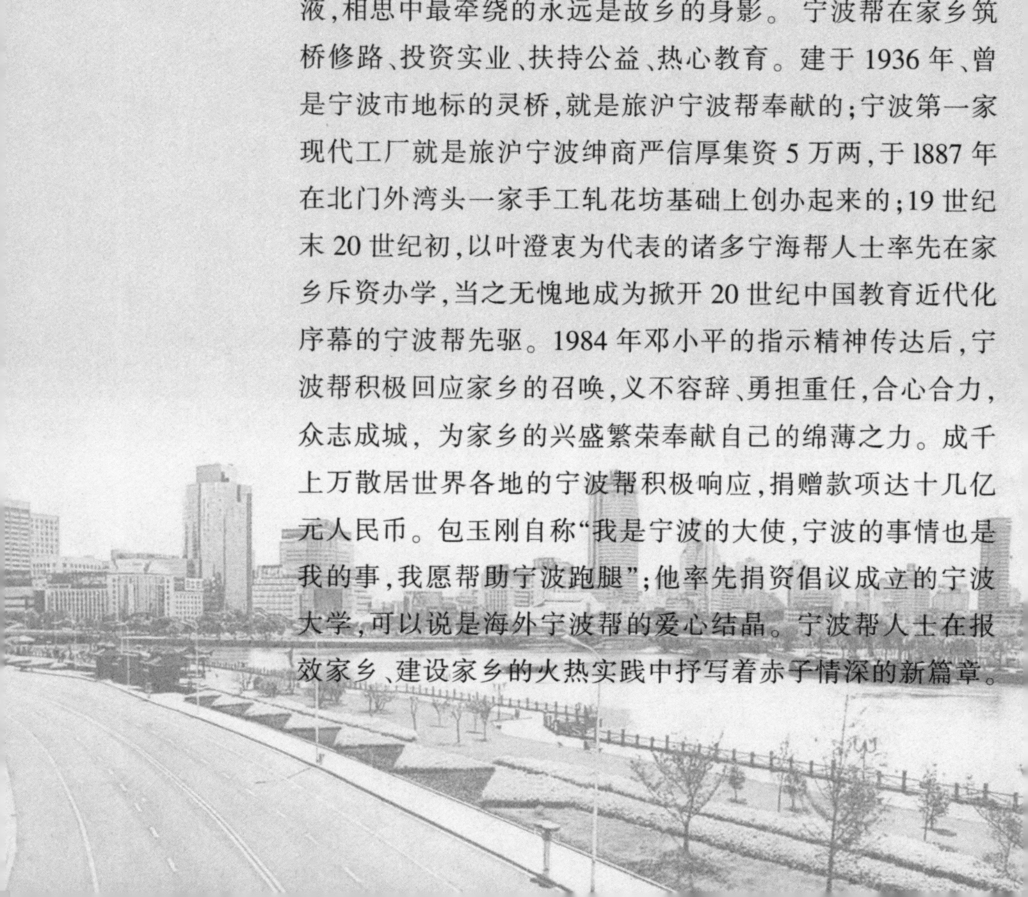

一、慷慨解囊,推动宁波经济建设

“君子虽远在他乡,终不忘父母之邦。”宁波帮乡土情结浓厚,都有强烈的反哺故里、造福桑梓、光宗耀祖的思想,他们事业有成后,时时情系家乡,扶持公益事业,造桥铺路、投资电力水利、开办工厂,为支持家乡经济建设发展出钱出力。

(一)宁波帮乐善好施,助推近代宁波城市建设

1. 筑桥修路,关注家乡交通事业。

对于家乡的交通事业,宁波帮高度关注。甲午战争后,一批宁波商人相继在宁波创办外海商轮局、永安商轮局、志诚商轮局等小型轮船航运企业,使宁波内外的水上交通有了明显改善。特别是20世纪20年代后,宁波商人掀起了在家乡兴办交通事业的热潮。

1920年,象山人纪子庚与任氏昆仲合资修五里桥,新建仁义桥,又独资修五里桥亭,铺筑五里桥路。鄞县人邬来富于1921年捐资建宁波江东镇安桥,桥北置镇安亭。1923年,筹资建姜村桥。镇海商人谢天锡对造桥也慷慨解囊。蒉延芳在家乡建延芳桥。慈溪商人孙衡甫独资修筑半浦乡7公里长的石板路及其沿线的桥梁。乐振葆在家乡鄞县修建不少路桥,于县内东乡后塘河上建钢骨水泥桥,如镇东桥、福明桥、汇纤桥、金家桥等,均由乐振葆出资或筹资修建,由其出资修建的其他路桥,更是不可胜数。

尤其对宁波灵桥(又称老江桥)的修建,宁波商人可以说是不遗余力。宁波灵桥是我国最早的钢梁单孔环形桥,是横跨宁波奉化江南北两岸的交通枢纽桥梁,是宁波标志性的建

筑。它原是座浮桥，改江上浮桥为固定桥梁，早在光绪年间就有人创议，但多次议论而没有实行。1922 年有人重提此议，将其翻建成钢骨水泥大桥。1931 年 8 月，沪甬两地成立“改建老江桥筹备委员会”，成立由乐振葆、虞洽卿、张继光、秦润卿、俞佐庭等数十个甬沪两地宁波商人组成的筹备委员会。1936 年 6 月 27 日，这座由民间集资建设的灵桥建成揭幕，宁波古城万人观看通桥典礼。

宁波商人在家乡宁波的江东、江北、西门等地修建马路。诸如 1927 年，改建公园路为城区第一条沥青路面。1931 年，改建江北岸新马路为第一条水泥混凝土路。1934 年，东门口至开明街路段浇筑沥青路面。以后又陆续兴筑江厦路、灵桥路、和义路、永丰路、长春路和望京路，形成环城线。1930 年，旅沪宁波商人在积极动员后，筹得 50 万元，修建鄞奉公路，并使其竣工通车，是为宁波境内第一条公路。1935 年后，旅沪同乡会会务主任张申之等人发起建立“鄞奉”“通运”“宁穿”“观曹”“利运” 5 家民营汽车运输公司，从事货客运输业务，这对充分发挥公路的交通作用，改善宁波陆上交通起到了重要的作用。

2. 投资电力、电话和水利，建立近代公用设施。

宁波商人更加关注家乡宁波的公用事业，主要是投资电力、电话业和自来水业。宁波的电力、电话公用设施多由商人承办。旅沪宁波商人孙衡甫早在 1897 年即投资 1.47 万元在宁波城区战船街办起电灯（即电力）公司，向城区江厦街、东大街、甬江大道头等商业街区和少数居民提供照明用电。宣统元年（1909），宁波商人顾元琛、戴瑞卿、王荫亭等集资 8.28 万银圆开办和丰电股份有限公司，第三年在宁波电灯厂旧址建成装机 120 千瓦的发电厂。1914 年,虞洽卿、刘鸿生、孙衡甫、周仰山等集资 13 万银圆,在城区北门建宁波永耀电力股份有限公司,次年 2 月建成发电。而后兼并了慈溪慈明鸿记电灯公司和镇海骆驼敦丰电灯公司。至 1949 年 5 月,有发电机组 4 台,总装机容量 8220 千瓦,最大单机容量为 3300 千瓦,为宁波城市公用事业发展提供了动力支持。

镇海县的电力工业始于 1917 年,陈雍琅集股金 8 万元,购置 62 千瓦柴油发电机组 1 套,创建华明电灯公司。1922 年,旅沪镇海巨商傅筱庵等集股金 5 万元,于招宝山麓创办明明电灯公司。柴桥(今宁波市北仑区)昭明兴记电灯轧米厂和昭明电气股份有限公司于 1924 年创办,由商人胡楚贤集资 4 万元,购 30 千瓦旧柴油发电机 1 台在柴桥九间头建厂。1928 年,旅沪镇海柴桥商人曹莘耕以兴记为基础,扩股集资 5.25 万元,购置 40 千瓦新柴油发电机,成立昭明电气股份有限公司。其供电范围为柴桥、穿山、霞浦,为镇海县江南地区(今属宁波市北仑区)的电力发展和照明提供了重要条件,有力地促进了当地公用事业的发展。此外,镇海的骆驼桥敦丰电灯厂也于 1934 年开办,由商人楼月波等集股银 1.87 万元兴建,仅有 70 马力双缸立式柴油机 1 台和 27.2 千瓦发电机 1 台,向附近商店和部分居民供电。1937 年,其产权、经营权被宁波永耀电灯公司购买。

与此同时,在宁波商人的支持下,鄞县、镇海、慈溪、定海、余姚等县的电灯公司都有设立。仅鄞县就建立了古林电灯厂(1925 年)、陶公山电灯厂(1934 年)、鄞江光明电厂(1935 年)、姜山瑞泰电灯厂(1944 年)。朱葆三在定海开设舟山电灯公司、定海电气公司。宁波商人陆勇虎等人集资开办永明电灯厂。余耀电灯公司于1917年在余姚内侯青门大路桥畔创办。

电话公司的设立，也是城市公用设施建设的一个重要内容。1911年，王匡伯、王仰之等集资20万元，创办宁波电话股份有限公司，并于1913年5月通话，是为宁波使用电话之始。1920年，公司改组为四明电话股份有限公司。至1949年初，有供电式交换机2500门、磁门式交换机500门、用户2897户，大大方便了宁波的通讯联系。

1926年闻名沪甬两地的裘天宝，在城区天后寺独自开办通泉原自来水公司，以深井为水源，铺设管道至东门口一带，使宁波市民得以首次用上自来水。

(二)宁波帮鼎力相助，推动近代工业、金融业

宁波第一家现代工厂就是旅沪宁波绅商严信厚集资5万两，于1887年在北门外湾头一家手工轧花坊基础上创办起来的。1891年，该厂“售出轧成之花三万担”，是我国第一家机器轧花厂。1894年，严信厚又在上海、宁波两地招股10万，把轧花厂扩展为通久源纺纱织布局。1896年，该厂开工生产，年产棉纱1.1万件，成为浙江省最早、规模最大的近代纺织企业。

通久源的创办及其成功产生了良好的示范效应，有力地推动了宁波近代企业的创办，从而在19世纪末20世纪初掀起了兴办实业的高潮。到1913年，宁波已有近20家近代企业问世，资本额100多万元，形成了宁波最初的工业基础。近代宁波工业“三支半烟囱”就是由宁波商人创办的。1905年，戴瑞卿、顾元琛等集资60万银圆创办和丰纺织股份有限公

司，至 1920 年前后，该厂纱锭总量达 26000 枚，成为全省第一大纱厂。1931 年，戴瑞卿又集资 30 万银圆创办立丰面粉厂。1934 年，金廷荪、洪宸笙在改组“立丰”基础上再集资 30 万创办太丰面粉厂，成为近代宁波的重要工业企业，也是浙江面粉厂中资本最多、规模最大的厂家。旅日宁波商人徐惠生于 1913 年集资 15 万元，租用原由天主堂经营的“正大”厂，创办正大新公司，后发展为颇具规模的正大火柴厂。

同时，从 19 世纪中开始，宁波帮就在家乡积极扶持金融业并努力使之近代化。光绪初年宁波钱庄有 400 余家，而这些钱庄多数为旅沪宁波帮设立。如严信厚在宁波就拥有有源、衍源、永源等 10 家钱庄，镇海叶家、李家和方家，宁波秦家等家族财团在宁波也都拥有多家钱庄。宁波帮不仅投资宁波钱庄，而且努力推动钱业改革，特别是他们把近代银行、保险、信托证券等新式金融品种率先引进宁波，从而大大推进宁波金融业的近代化历程。1897 年，以宁波商人为主创办并经营的中国通商银行是中国人创办的第一家银行，成立次年即在宁波设立兑换处，专司推广、发行和兑换钞票。在此基础上，于 1921 年建立宁波分行，这是该行在上海以外所设的第一家分行，其他地区分支机构延至 1932 年以后才陆续设立。1908 年，旅沪宁波商人集资创办第一家中国商办银行——四明银行，次年即在宁波设立分行，为宁波有民族资本银行之始。成立初期，通过天益、元益等钱庄，推广钞券发行，逐步开展以存款、汇兑为主的各项银行业务，兼办保险业务，并比照钱庄发放部分信用放款，对宁波工商各业支持有力。1933 年，该行拥有各项存款 100 万元，居甬上各银行之首。

（三）海外宁波帮添砖加瓦，加速宁波经济快速发展

海外宁波帮积极参与，确立了宁波东方大港的发展地位。宁波北仑港虽具有天然深水良港的优势，但确立其东方大港的发展地位与海外宁波帮的促成关系甚大。1984 年 8 月 1 日，邓小平在北戴河听取时任国务委员的谷牧汇报有关沿海开放城市情况，了解到宁波有北仑港和宁波帮两大优势时十分高兴，号召把全世界的宁波帮都动员起来建设宁波，这样宁波帮就与“北仑港”紧紧地联系在一起了。1984 年 10 月，包玉刚在卢绪章的陪同下，踏上了久别的故土。家乡的一切都使他感到亲切，特别是碧波万顷的北仑港使热爱大海的包玉刚激动不已，兴奋地说：“名不虚传！想不到我的家乡有这样一个好港，建设起来，完全可以与世界上最好的荷兰鹿特丹港媲美。”1985 年末，国务院专门成立了以谷牧为组长，由国务院有关部委领导组成的“宁波经济开发协调小组”，并以国务院名义聘请包玉刚、卢绪章为顾问。小组职责是研究协调宁波改革开放和经济发展中的一系列重大问题，这在当时的中国可以说是独一无二的。从此，包玉刚为开发宁波而奔波于香港、北京、浙江之间；为树立宣传宁波形象，而往返于欧、美、亚洲各国，风尘仆仆，不辞辛劳。他频频向各国首脑与实业界人士介绍北仑港的优越条件和良好的投资环境，希望他们到宁波考察投资。经过包玉刚的斡旋，英国等国的公司纷纷组织代表团到宁波进行实地考察和进行可行性研究，并同中方进行了多次正式会谈。

包玉刚还及时向中央领导反映有关情况，为宁波争取成为计划单列市起到了关键的作用。20 世纪 90 年代初，包氏

亲属出资邀请美国麻省理工学院的教授来宁波考察，帮助制订宁波的发展规划。美国专家提出宁波发展规划意见后，确定与宁波共同开发建设面积达 36 平方公里的甬江新区和改造三江六岸。虽然后来因种种原因合作没能进行下去，但这个规划意见显然为现在宁波城市东扩、成立科技园区及三江六岸的建设奠定了基础。

改革开放以来，特别是在邓小平的号召下，海外宁波帮纷纷回家乡探亲、观光，许多在境外的宁波籍人士怀着爱国爱乡的热情和参与家乡建设的愿望，多次来宁波参观考察，有的引荐外商项目，有的直接投资。如：曹光彪在梅墟投资 150 万美元兴办毛纺厂；香港华昌集团董事长李文龙投资 200 万美元创办华昌（宁波）塑胶有限公司；2002 年，李氏又在鄞州工业区，与宁波色母粒有限公司合资办厂。改革开放之后，宁波市的各级领导和企业家陆续赴港澳台地区和国外访问、考察，境外宁波帮均热情接待陪同，介绍情况，引荐客商，为宁波开展对外交流、招商引资做出了积极的贡献。如郑维健推动与新加坡的合作，促成了新加坡资政李光耀访问宁波。在宁波到日本召开的几次招商会期间，日本浙江同乡会会长刘京荣不但积极组织日本客商参加，而且不顾年事已高，早早到会在前排就座，使每次招商活动都能顺利进行。

（四）宁波帮热心牵线，促进宁波与境外交流合作

境外宁波帮热心牵线，推动了宁波与香港、台湾及海外的文化交流。1967 年，宁波旅港同乡会成立，其中不乏工商巨子、社会名流和社团首领，如香港中华总商会会长王宽诚，世界船王包玉刚、董浩云，香港贸发局主席安子介，影视大王邵

逸夫，毛纺大王曹光彪，大新银行董事长王守业等。20世纪80年代初，香港甬江会就在宁波设立“故乡文化发展基金”，王宽诚捐赠20万元人民币支持家乡的文化教育事业，建造了宁波市教研中心大楼。闻儒根、张炳昌等8位宁波帮人士向宁波大学赠送缩印《四库全书》一套。陈廷骅、陈怡良、孔爱菊、李坤等人士助建了游泳俱乐部、青少年宫、文化宫、文艺学校、网球中心等设施。尤其是浙江和宁波小百花越剧团的发展，倾注了香港孔爱菊、邹星愿、李孙文英等太太们的一片爱心。从越剧团训练基地的建造到特意聘请上海著名越剧演员徐玉兰、王文娟等当老师，从亲临宁波指导排演到热心牵线搭桥，多次组织宁波小百花越剧团赴香港演出，她们是宁波小百花扬名港澳的“文化使者”。此外，宁波旅港同乡会下属的宁波工学、宁波二中，假期还组织教师、学生到宁波与对应的学校进行交流，开展两地夏令营活动等。

1947年，叶启发、应昌期等旅台宁波人在台北发起成立台北市宁波同乡会，后发展为大陆各地旅台同乡会中规模最大、影响最著的同乡社团，从中产生了一批闻名岛内外的工商巨子，如华隆集团创办人翁明昌和继承人翁大铭、实业巨子应昌期、水泥大王张敏珏、棉花大王王传麟等。1991年起，同乡会将工作重点转向家乡的文化交流与同乡联谊上。经过王雄夫、沈友梅等人的倡导，会同宁波市台胞台属联谊会先后成功举办了“海峡两岸宁波乡情书画展览”“海峡两岸纪念杰出乡贤、台湾文献初祖沈光文诞生380周年活动”等。1996年6月，台北市宁波同乡会宁波会馆明州楼建成开业，为赴台宁波乡亲返乡、旅游探亲、投资经商与联谊交流等活动提供了便利。

二、投资兴学，推动宁波教育事业发展

斗转星移，沧海桑田，宁波帮兴办教育、投资兴学的历史是与20世纪中国教育的发展历程紧密相连的。跌宕起伏的20世纪中国经历了清末、中华民国和中华人民共和国等各不相同的政治时期，尽管历史进程风云变幻，宁波帮献身教育或捐资兴学的活动始终未曾停滞。回溯整个20世纪，我们可以看到，宁波帮对中国教育的每一项参与几乎都烙刻着特定时代的历史印记，宁波帮捐资兴学的历史轨迹与20世纪中国从实业救国到教育救国的观念变迁一脉相承。

19世纪末20世纪初，以叶澄衷为代表的诸多宁波帮人士率先在家乡斥资办学，办学堂、兴新学，为世纪之交的清末教育新政推波助澜，当之无愧地成为掀开20世纪中国教育近代化序幕的宁波帮先驱。旅日华侨吴锦堂后来居上，借他山之石以攻玉，在家乡宁波慈溪独资创办锦堂学校，大力革新教育内容，引入职业教育新理念，丰富了事业教育思想，因而被推崇为民国“办学三贤”之一。旅沪宁波同乡会组织革故鼎新，扩展会务内容，大力创办基础教育，自力更生地解决居住地移民子女的教育难题，留给历史无穷启迪。宁波帮反哺桑梓，承前启后，源源不断地在家乡兴办各类学校，呈现出民办教育星火燎原的壮丽景观，为20世纪上半叶中国教育的发展谱写了蔚为壮观的宏伟篇章。新中国成立后，宁波帮除旧布新，王宽诚以投石问路式的义举创办东恩小学和东恩中学，延续历史传统，开创公办民助教育新模式，发展为名副其实的复

兴华侨教育、催苏民办教育的幕后导演，直至首开纪录，个人出资创办现代意义上的教育基金制度——王宽诚教育基金，宁波帮重新走上了中国教育发展助跑者的行列。南迁香港的宁波帮人士，在新的居住地——香港，将同乡会办学的传统发扬光大，旅港宁波同乡会在创办公学的行动中保存了投资兴学的传统火种。在祖国改革开放大潮的感召和邓小平“把全世界的‘宁波帮’都动员起来建设宁波”号召的激励下，以包玉刚、邵逸夫、曹光彪、陈廷骅和赵安中等人及其家族成员为代表的宁波帮，以“科教兴国”为己任，一掷千金，和而不同，从留学生教育到教育国际交流，从建楼造馆到设奖捐基金，从希望工程到世界一流大学建设，不断创造出 20 世纪下半叶宁波帮捐资兴学的辉煌业绩。

（一）叶澄衷创办叶氏义塾

叶澄衷，字成忠，原籍浙江慈溪，生于镇海，清末资本家。在宁波帮中，一直流传着这样一句话：“做人当如叶澄衷。”叶澄衷凭借审时度势、善于机变的本领登上“五金大王”的宝座，生意也越做越大，成为民族商业的巨子。他对教育事业有很自觉的意识，他认为，创建学堂能使“从此学习之人学有进益，大则可望成才，小则得以谋业”。1871 年，叶澄衷出资 3 万两银子在家乡镇海庄市创办了叶氏义塾，帮助穷苦孩子免费读书，接受英语等现代教育，包玉刚、邵逸夫等都在这家义塾接受了启蒙教育。1878 年，由叶澄衷倡议发起，叶志铭等赞助，发展为两等小学堂，由叶氏族人增募经费助学，包从兴、赵安中等香港著名人物都是该校的校友。1906 年，叶氏家人根据叶澄衷生前的倡议，募集办学基金 2 万元，在家乡镇海庄市原叶氏义塾的基础上办了叶氏中兴学堂(今中兴中学前身),后改为叶氏中兴小学。至抗战时期,数改其名,但始终有中兴精神在其中。1949年停办。1986年春,第四届中兴校友会恢复成立,倡议重建母校,校友包玉刚、邵逸夫、包从兴、叶谋彰、赵安中等共捐助1000万港币重建母校,并扩建为完全小学,于1987年建成复校。

（二）严信厚创办储才学堂

严信厚,字筱舫,原籍浙江慈溪,著名书画家、实业家。严信厚通过数十年的金融及工商业活动,把一大批宁波商人吸引到自己周围,在金融及工商界形成了一个很有影响、很有势力的宁波帮,故后人称严为“宁波帮开山鼻祖”。1897年,严信厚与宁波知府程云俶等商议,决定设立中西式的储才学堂,次年正式开学,学校以“革新图强,储备人才”为办学宗旨,弃旧科立新学,注重学习西方科技知识,开设格物(理化)、数学、译学(外语)等课程。储才学堂1904年更名为宁波府中学堂。现为浙江省重点中学的浙江省宁波中学曾有一连串的校名:宁波府中学堂、省立第四中学堂、省立宁波中学……这些变迁着的校名贯穿着宁波中学最初的历史。1988年复名宁波中学,1995年被评为浙江省首批一级重点中学,拥有全国中小学现代教育技术实验学校等荣誉,历史上曾有朱自清、丰子恺等教育名家在此任教。

（三）吴锦堂创办锦堂学校

吴锦堂,名作莫,原籍浙江慈溪。少时随父耕作,及壮,东渡日本,经商致富,名震中外,素以桑梓为重,先后捐银数十万两,兴修水利,创办学校,泽被乡里,又积极支持孙中山先生从事辛亥革命，是我国近代著名华侨。1905 年，在家乡出资辟地百余亩，开始兴建锦堂学校。1909 年，学校正式开始招生，学生人数当时定为 360 人。经过几年发展，锦堂学校已初具规模。1910 年，吴锦堂把锦堂学校改为初等实业学校，添设四年简易科，增收蚕桑科学生 128 名。1911 年，锦堂学校改名为锦堂农业中学堂，设置农本科、蚕本科两个专业。中等农校开办一年，时值辛亥革命，吴锦堂遂停办农校，转为专办两等小学。在吴锦堂先生造福桑梓、慷慨捐资、热心办学事迹的影响下，全校师生树立了献身教育事业的信念，坚定了勤奋好学的意志，走出了包容、沙孟海等一批又一批的名人。1931 年，学校更名为浙江省立锦堂学校。1984 年恢复慈溪锦堂师范学校名称。

（四）王宽城创办东恩中学、小学

王宽诚，又名王文侠，香港实业家，浙江宁波人。早年在宁波经营国内口岸贸易、金融及轻工业。1962 年，王宽诚捐资 100 万元人民币，在家乡兴建中、小学各一所，定校名为“东恩中学”“东恩小学”，以表达他对毛泽东和周恩来这两位领导人的崇敬之情。东恩中学设在市区，“文化大革命”前曾在鄞西凤岙横街头新建校舍。“十年动乱”过后，乡间新校舍虽建成，但时过境迁，东恩中学仍留原地碶闸街教学。1985 年 10 月，东恩中学“宽诚教育楼”落成，他又亲笔题写校名，并担任东恩中学的名誉校长。为鼓励学生，专门设立了“东恩中学王宽诚教育基金”，并为首届获奖师生颁奖。东恩小学创办在王宽诚的故乡鄞县宋严王村，1966 年，两幢崭新的教学楼拔地而起，成为当时宁波农村最漂亮的校舍，家乡子弟从此结束了在老祠堂办学，在昏暗破旧的教室读书的历史。

王宽诚逝世后，他的后人一直满腔热情地继续关心这两所学校及宁波的教育事业。1989 年，王明远根据父亲的遗嘱，捐资 20 万元助建东恩中学王宽诚图书楼，还以香港幸福企业集团的名义捐款增添馆藏图书。1994 年和 1996 年又先后捐建语音实验室、计算机房和多媒体教室。1999 年为东恩小学添置计算机设施，还补充了教育经费。在东恩中学拆迁重建之际，又捐赠 800 万元人民币，助建东恩中学，并衷心"祝愿新校舍建设为东恩带来更蓬勃的发展"。

（五）邵逸夫：华夏捐资兴教第一人

邵逸夫，原名邵仁楞，生于镇海，祖籍浙江宁波。香港电视广播有限公司荣誉主席，邵氏兄弟电影公司的创办人之一，香港上海商会成员，香港著名的电影制作者。多年来，邵逸夫捐助数以百亿计款项，为内地、香港两地建设教育、医疗设施等。邵逸夫热爱祖国，关心家乡，在宁波的捐赠项目总额超过了 4000 多万元，包括宁波大学西区的图书馆、教学楼、职教中心和宁波市邵逸夫艺术幼儿师范学校、逸夫职业高级中学、中兴中学、逸夫剧院等，为繁荣家乡的教育、文化事业做出了重要贡献。

此外，邵逸夫还以夫人方逸华女士的名义，在原宁波师范学院设立了"方逸华奖学金"，每年出资 3 万港币，奖励给品学兼优的 15 名学生。1996 年，宁波大学与宁波师范学院、浙江水产学院宁波分院合并办学后，继续保留奖额和奖金，获奖人数则增加到 29 名。在邵逸夫庞大的捐赠事业里，向一个单位捐赠如此多次的，宁波大学应该是第一个。

（六）李惠利创建完整的李惠利教育项目体系

李惠利，祖籍宁波鄞县，1912 年出生于上海。从事钟表业务，涉足房地产业，被人称为“钟表大王”。1987 年首次回宁波故乡访问，李惠利将捐资的重点放在了宁波。有感于人才培养对家乡建设的重要意义，故将捐赠的主要目标放在了兴办学校上，先后捐款兴建了李惠利幼儿园、小学、中专、中学，形成了完整的李惠利教育项目体系，捐资总额近 3900 万港币。

（七）包玉刚率先捐资创办宁波大学

包玉刚，名起然，浙江宁波人，世界上拥有 10 亿美元以上资产的 12 位华人富豪之一，世人公推的华人世界船王。1978 年，包玉刚的海上王国达到了顶峰，稳坐世界十大船王的第一把交椅，香港十大财团之一，创立了“环球航运集团”。他热情支持祖国建设，除捐献巨资为家乡兴建兆龙学校、中兴中学、宁波大学外，还建造北京兆龙饭店、上海交通大学包兆龙图书馆，设立包兆龙、包玉刚留学生奖学金等。

创办综合大学是宁波人多年的构想。宁波历史悠久，文化积淀深厚，1984 年，全国 36 所高校的校长都是宁波人，但非常遗憾的是，当时宁波没有一所大学。从 1982 年开始，宁波市人大代表在人代会上多次提出，建议创办一所综合性大学。宁波市政府也想过一些办法，但终因财力有限而难以付诸实施。

1984 年 10 月 28 日，包玉刚回到阔别 40 多年的家乡宁波。他在考察中得知宁波连一所综合性大学也没有，培养地方建设人才很困难时，当即表示愿意捐款帮助家乡办一所大学。1984 年 12 月 19 日，包玉刚与时任宁波市市长耿典华在北京签署了《洽谈纪要》，洽谈的主要问题就是兴办宁波大学。包玉刚在与邓小平的会见中，提出请邓小平给宁波大学题写校名，邓小平欣然答应。1985 年 1 月 4 日，邓小平找谷牧谈话："办宁波大学的问题，包玉刚讲，大学归国家办，他出钱，这是件好事，我答应给题写校名。你们应该督促有关方面，把这件事情办好。"1985 年 10 月 28 日，包玉刚第二次回故乡，与专程从北京前来的国务院代总理万里及国务院 10 个部委的负责人为宁波大学奠基。1986 年 10 月，宁波大学落成开学，终于圆了宁波人的大学梦。包玉刚逝世后，包氏家族继承遗愿继续捐助宁波大学。1996 年，由包玉刚的四个女儿共同捐资助建了 5 号教学楼；1999 年，由兄长包玉书和包玉刚长女包陪庆捐资助建 4 号教学楼；2002 年 9 月，由包玉书、包素菊、包丽泰兄妹捐资 100 万美元助建总建筑面积 12800 平方米的龙赛理科楼；2003 年 10 月，由包玉书出资 2200 万元人民币，助建建筑面积为 46000 平方米的包玉书科学楼。连同包玉刚在世时捐建的教学楼群，包氏家族在宁波大学捐建的总面积达 10 万平方米。1994 年，包陪庆女士还在其母校——加拿大麦吉尔大学设立奖学金，专门用于宁大青年教师的培养。

包玉刚还在家乡宁波捐建了两个"包玉刚图书馆"。其中以包玉刚命名的宁波市公共图书馆，是包玉刚的四个女儿捐献出准备给父亲做寿的 500 万元人民币建成的。位于宁波大学的包玉刚图书馆由包玉刚捐资 630 万元人民币建成，于 1992 年 8 月竣工，总建筑面积 6340 平方米，江泽民为图书馆题词"爱国爱乡，造福桑梓"；原浙江省委书记薛驹为图书馆写馆名。1992年,宁波大学包玉刚体育中心落成,总建筑面积3400平方米,由包玉刚捐资500万港币建造。

(八)宁波帮共圆大学梦

1991年9月23日,一代船王包玉刚在香港病逝。宁波大学的进一步发展遇到了暂时的困难。对此,包玉刚是有先见之明的,早在1989年就积极策划成立宁波大学董事会,热切地希望宁波帮和各界人士一起参与宁波大学的建设,他说:"办好宁波大学靠大家,我只是带了个头。"

事实正是如此,境外宁波帮人士对宁波大学的关心与支持情有独钟,纷纷解囊相助。经赵安中等一批旅外宁波乡贤的奔走联络,包玉刚生前的"希望爱国爱乡而有能力的朋友鼎力协助宁波大学发展"的局面终于在1995年掀起高潮,并持续不衰。赵安中、黄庆苗、曹光彪、魏绍相、顾国华、朱绣山、应圣瑞、汤于翰、邬蔚庭、范思舜、李景芬、李达三等旅外宁波帮人士相继捐资助建林杏琴会堂、黄陈月莉行政楼、国际文化交流中心魏绍相馆、曹光彪科技楼、应虞房医疗中心、宗瑞航海楼、锦绣学生活动中心、绣山工程楼、宁大医学院、李兴贵球场、范桂馥教工活动中心,设立杏琴园教育基金等。其中由旅港著名宁波籍医学科学家汤于翰先后捐资2000多万元人民币助建的宁大医学院填补了宁波医学高等教育的空白。

在众多助建宁波大学的宁波帮人士中,还有两位特殊人物邵逸夫和王宽诚。在原属宁波师院的宁大校园里,有三座大楼格外引人注目:逸夫教学楼、逸夫职教楼和逸夫图书馆。这三座楼集中体现了邵逸夫对家乡的关爱和对教育事业的支持。王宽诚教育基金会的受助范围中原来没有宁波大学,但是在王宽诚亲属的特别关爱下，从1998年开始，破例接受宁大的申请。1994年4月，又代表基金会向宁大捐赠50万港币，设立“宁波大学王宽诚育才奖基金”；2000年起，又每年向宁大捐赠10万美元，至今已达50万美元，主要用于师资的出国进修和培训。

三、济困扶危，推动宁波慈善、卫生事业

宁波帮在慈善、医疗等公益事业上的社会参与度相当高，他们对公益事业具有较为自觉的认识并具有不同程度的社会公共意识。近代，以孤儿院、慈善医院、水龙会为代表的慈善机构大批产生，并发展成为慈善事业的主体力量。进入清末民初以来，以虞洽卿、吴锦堂、秦润卿为代表的旅外宁波商人全面参与家乡慈善事业。

（一）创办义庄，关爱贫困老幼妇孺

宁波商人致富后，总是热心公益，乐于帮困，救济贫困群体。在上海，不少旅沪宁波商人设置义庄与公所。家乡宁波有更多的义庄设立。这些义庄由宁波商人出资。象山县在光绪末设立欧式义庄、承志堂义庄、姜氏义庄、敬承义庄和吉成义庄。慈溪商人严信厚建寿芝山庄，以济族人生计。严信厚去世后，其子严子均遵照父亲的遗嘱，取出父亲部分遗产捐办家乡慈善事业。道光十五年(1835)，慈溪商人创建志堂义庄，购田2310亩，赡养本乡孤寡与贫穷者。同治年间，鄞县商人屠继烈创办乔荫堂义庄，购田2000多亩；杨葆镛置田440余亩，建西城杨氏义庄。光绪年间，鄞县有李氏义庄、石氏余庆义庄的设立，置田都在500亩以上。民国期间，又有孙氏义

庄、严氏义庄和姜氏义庄的设立，这些义庄大都由商人设立。比如，江东严康懋是旅沪宁波商人，他置田1000余亩、市屋3所，办起严氏义庄，赡养族内孤苦者。从嘉庆二十四年(1819)至民国十一年(1922)，宁波城区及鄞县共设置13所义庄。余姚在光绪年间也设有风山义庄、东山义庄、槐德堂义庄、周氏义庄、马氏义庄、冯氏义庄、希范义庄等，不少是由商人出资所建。谢纶辉曾任中国通商银行总经理，希范义庄在余姚泗门乡，由旅沪余姚巨商谢纶辉于民国六年(1917)所建。有庄屋1所，置田200余亩，灶地535亩，银币5000元。叶澄衷在家乡镇海庄市设忠孝堂义庄，置田1300亩，收入稻谷赠贫寒族人。

民国初，在商人们的支持下，宁波出现了一批以收养、教育贫民子弟为目的的近代型慈善教育机构，如宁波云华堂孤儿院、四明贫儿院、四明孤儿院、奉化孤儿院、高桥恤孤院等。由沪、甬两地宁波商人出资资助的宁波云华堂孤儿院，成立于1922年4月，专门招收7岁至10岁且无依无靠的孤儿，施以依食，授以教育，使他成人以后能自立。四明贫儿院，在宁波江东泥堰头，为清洁堂旧址，同治年间所创。1925年由绅商董惟场募集巨款建院舍，商人方积钰、严英、俞佐庭等又继续捐募完成建设。四明孤儿院，亦名惠儿院，在宁波南门外向阳桥，1918年由绅商柳贤栎发起，徐杰筹款修建。奉化孤儿院，从1921年经奉化县议会协商开始筹备，到1927年11月正式成立。正是在旅京、旅沪的奉化商人们的积极参与之下，奉化孤儿院才得以建成。镇海柴桥(今属宁波市北仑)人梅汀荪1917年东渡日本攻读，归国后在沪经商，与人合办民生墨水厂。他在家乡办孤儿院，收容弃婴。在商人支持下，宁海县于

1929年建宁海县救济院，设育婴所。奉化商人竺梅先在上海沦陷后，为了收容和养育难童，在宁波旅沪同乡会的支持下，从旅沪商人中募集了5万元资金，于1938年在家乡奉化楼岙琅泰清寺创办了国际灾童教养院，接收在战争中失去双亲的孤儿。该院设施齐备，设小学和初中，并且免费供应食宿。到1939年，原先募集的5万元钱已经用完，竺梅先为此独立承担国际灾童教养院的所有经费。

（二）创办医院，心系救死扶伤

宁波帮抱着"取之于社会，用之于社会"的宗旨，济贫扶困，帮助同乡，在家乡宁波创办了众多医院。

1910年，保梨医院在慈城（今宁波市江北区）创办。主要在秦润卿、陈谦夫等旅沪巨商支持下开办，并且由他们长期为之募集资金，增添设备，扩建房所。1915年以10000银圆建手术室。1919年又以4369银圆购置美国X线机，是国内最早使用X线机诊断的医院。1924年，宁波教会为扩充宁波华美医院（今宁波市第二医院）建筑房屋设备派人去津门劝募。宁波旅津商人纷纷捐款：慈溪人王品南500元；镇海人叶星海、定海人方药雨各200元；镇海周星北、严蕉铭、李组才和鄞县人李正卿各100元。另外，宁波帮经营的恒利、物华、大纶、九章四家企业也认捐500元，合计捐1800元。

1911年，旅沪商人严康懋、余保三、徐庆云等人在宁波三江口缸甏弄水仙宫集资创办普仁医院，有医务人员10余人。时隔两年，鄞县巨商乐振葆、王东园、傅鸿水等人在五乡碶创办鄞东公立医院（今天童卫生院）。曾任三菱公司总买办的李志方，为使家乡人民受益，发动殷湾、陶公、莫枝一带乡绅共同集资，在莫枝（今属鄞州区）创办一所现代化医院。李志方独立承担过半费用。出资者本着群众“普受其益”的宗旨，取名“普益医院”，聘宁波光华医院院长、留美博士杨传炳兼任院长。这家医院为鄞县东部地区人民救死扶伤做出了贡献。

1916年，镇海绅商樊时勋、盛竹书等在米行街把原来的公善堂改名为公善医院，当时规模较小，无非是时逢夏令，施医送药而已。1921年5月，增设西医部，该院才渐次发展。医院完全义务看病，不收任何医费，由于开支增大，经济上有所压力，也仅仅是收取少量费用，其目的是“以惠病黎”。公善医院设诊60年，义务门诊达40多年之久。

1917年，鄞县、奉化两地商人在奉化方桥北街创办鄞奉医院。这家医院的章程明确表示：本医院由鄞奉二邑人民设立。经费由董事担任，以捐募法筹集。经费来自三个方面，即地方公款公产或各团体原有款产；个人捐助特别大宗款项，以及个人分年认捐。鄞奉公益医院的经费大部分得到了广大宁波商人的支持。董事会的组成人员既有鄞县、奉化籍人士，也包括镇海、慈溪的商人，诸如方椒伯、方樵苓、秦润卿等。

中国银行总经理宋汉章，原籍余姚，抗战胜利后，与上海医学院建院元老之一的余姚同乡谷镜汧一起，邀集旅沪余姚同乡共筹资金，于1947年8月在余姚创办“阳明医院”（今余姚市人民医院）。宋汉章亲赴余姚主持医院奠基典礼，同时，派其侄子、留法医药博士宋悟生出任院长。

1918年，旅沪镇海籍商人叶雨庵、包雨塘、庄云章、叶子衡倡议在镇海庄市横河堰设立医院，并决定1919年9月26日起正式门诊。为筹集办院经费，旅沪的镇海商人于1918年在上海成立镇海同义医院董事会，其职责是“专以保障同义医院基础及维护该医院经济”。1925 年，旅汉巨商董杏生任干事长（后任院长、董事长），劝募捐款达 20 余万元。在镇海绅商的支持下，在民国期间仅镇海一县就创办了公善、同义、同泽、同安、芦江、蛟西、济众、柴桥、崇邱、光熙、骆驼及灵岩公立医院、大碶联合医院等 13 所医院。比如，俞佐庭在家乡镇海俞范曾捐资建同义医院。

1991 年李惠利逝世后，李惠利的夫人唐文兰女士（祖籍宁波北仑）根据李惠利的遗愿，捐资 3000 万港币助建李惠利医院。此后，她亲任李惠利基金会董事长，继续热心资助家乡的教育、卫生等公益事业，完成李惠利未竟的事业。作为宁波大学附属医院的李惠利医院，创建于 1993 年 3 月，由李惠利捐赠 3000 万港币、宁波政府出资 1 亿元人民币兴建。该医院占地 6.2 公顷，建筑面积 42000 平方米，拥有 600 多张床位、1000 多名医务人员，是一所具有现代化医学设备、以外科为主的综合性医院，与宁波市急救中心、宁波市中心血站连成一体，成为设施先进、配套完善、科室齐全、特色鲜明的宁波市医疗中心。

宁波帮不仅造福桑梓，并且积极地报效祖国。王宽诚以 2 亿美金建立基金会，用于祖国的科教事业；邵逸夫每年捐资 2 亿港币，支持内地教育事业；陈廷骅一次就捐建 200 所希望小学……为表彰他们所做的重大贡献，由中国科学院紫金山天文台发现并提名，经国际小行星委员会批准，在浩瀚的宇宙星空中，出现了“王宽诚星”“邵逸夫星”“曹光彪星”“李达三星”。

第六章　凝聚永续发展之魂

四明西聚，三江东流；东海涛涌，沧桑百年。回溯历史，宁波帮从过去到今天所体现的创业特质，所创造的经济成就，所传承的人文精神，令世人敬仰。有文化底蕴的群体才是有凝聚力的群体，有精神传承的群体才是有生命力的群体。“宁波帮”精神所蕴含的“赤子情怀、开拓精神、开明思想、诚信品德、互助风格”，发源于宁波深厚的历史文化，彰显了宁波精神的鲜明特质，突出了海纳百川、兼容并包的文化心态。

甬商作为中国历史上的“十大商帮”之一，一直是宁波亮丽的城市名片，过去的“宁波帮”很辉煌，现在的新一代甬商依然是宁波再出发的最大优势和最强基石。“甬商姓甬，甬商兴甬”，新一代甬商驰骋商海，积极传承实践“宁波帮”精神，在做大做强实体经济上取得了新跨越，在转变企业发展方式上取得了新进展，在推进产业转型升级上取得了新突破，在培育提升企业核心竞争力上取得了新成效。他们以其强烈的创业精神、智慧的经营才华，使“宁波帮”生生不息，引领“宁波帮”薪火相传、永续发展。

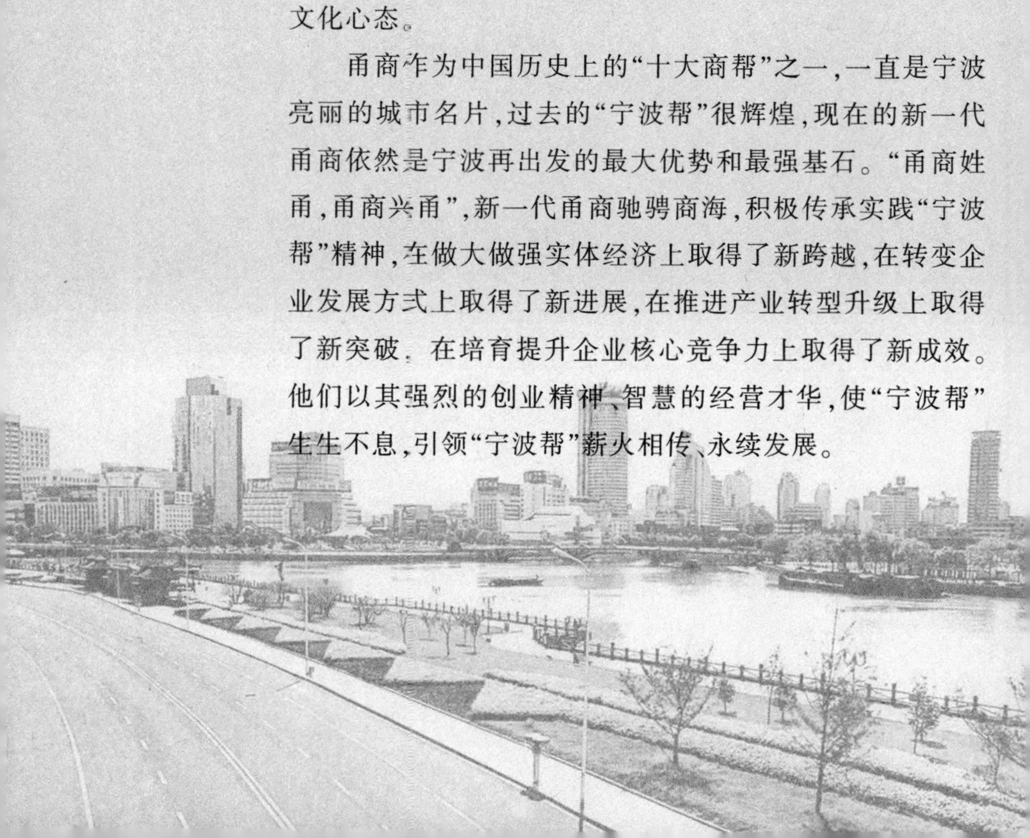

一、三"家"合一,文商相辅,白手起家,行善积德——如意股份董事长储吉旺

在宁波企业界,有一位企业家、慈善家、作家三"家"合一的传奇式人物,他就是宁波如意股份有限公司董事长、十大风云甬商、浙江省优秀企业家、全国优秀退伍军人储吉旺,曾受到江泽民、李鹏、胡锦涛等党和国家领导人接见。他把企业办得红红火火,凭3万元借款白手起家,创建了世界最大的搬运车制造企业,产品畅销115个国家和地区,年销售6.5亿元,"西林"商标享誉全世界。他业余时间著书立说,先后出版了《我与外商打交道》等10本专著近200万字,系浙江省作家协会会员。他还乐善好施,热心公益慈善事业,造桥铺路建凉亭,主持建造风景区,在人们的心目中树立了良好的形象。

(一)兢兢业业的企业家

1942年12月,储吉旺出生于宁波宁海的一个农民家庭。1963年,储吉旺入伍,成为一名光荣的人民子弟兵。1968年退伍后,有着高中文化的储吉旺,做过代课教师和仓库保管员,后来成为宁海县农机二厂的工人,与机械行业的结缘为他以后的创业打下了基础;后来领导看中他的才能,请他去搞经济核算,协助企业管理,显著提高了该厂的经济效益。

1983年初,县交通局"三顾茅庐",请储吉旺出任县汽车客运站负责人,同时兼局文书。经过储吉旺的精心经营,几个月后原是一盘散沙的客运站就呈现出有条不紊的创业生机。

1985年初,已43岁的储吉旺毅然抛弃铁饭碗,辞去站长

职务，白手创办如意股份的前身——宁海塑料九厂。直到今天，储吉旺还清楚地记得当时申请书上写的“无资金、无厂房、无设备，请局领导考虑”15 个字。工商局领导破例支持，他才如愿领到营业执照，开始了民营企业家的拼搏。也就是这 15 个字，时时督促储吉旺不忘创业之艰辛！

储吉旺当时从县农机二厂物色了 5 位老同事，向县环卫所借款 3 万元，向镇工办借款 2 万元，又向城北县圃村租了 3 亩地，用油毛毡搭起了几间简陋的工棚，“塑料九厂”自此挂牌成立。塑料厂在储吉旺的带领下有声有色地做起了塑料落水管，但产品不适销，产品价格还卖不到原材料的价格。一年后，企业亏损 10 多万，一时陷入了困境。正当储吉旺彷徨之时，《浙江日报》一篇鼓励企业拓展外贸市场的文章启发了他。个性好强的储吉旺，拥有百折不挠的精神，他励精图治，逆境中不气馁。通过多方努力，在浙江省机械设备进出口公司的帮助下，塑料厂得到了为一家美国公司生产拉紧器——一种专门用于汽车运输时捆扎货物的辅助工具——的合作单子，企业自此有了转机，于是在 1987 年 3 月更名为宁海县机械设备配件厂。

储吉旺是个有心人。在美国举办的一个展会上，他看到了新的产品“手动液压车”。经过细心考察和科学论证，储吉旺决定开发研制手动液压车。1988 年，他在纽约召开的世博会上弄回来一台手动液压搬运车，经过研发，当年投产后，第一笔 5000 台的订单就从德国传来了，企业似乎走上了坦途。1989 年 5 月，储吉旺与香港宁兴开发有限公司合资成立宁波如意机械有限公司。然而，好景不长，当产品被送到德国后，经检验，质量不合格，被退了回来。这件事深深刺激了储吉旺，他深深懂得，光外贸产品质量可靠还不够，必须取得国际权威的认可，才能在国际市场上立住脚跟。1991 年 7 月，他几经努力，请到了国际机电产品检测权威——德国莱茵技术监护顾问股份有限公司(简称 TUV)专家，为主导产品“西林”牌搬运车做认证。经过近 2 年无数次的全方位苛刻检测，1993 年 5 月，“西林”牌搬运车成为中国大陆首家取得被誉为“欧盟市场通行证”的 TUV“GS”认证证书。有了这份“通行证”，产品在欧盟享受免检待遇，各国客商对此也十分看重，“西林”牌搬运车因此身价倍增，如意的产品开始销往世界 87 个国家，储吉旺的足迹也遍布了五大洲。

1995 年，储吉旺又向更高的目标迈进，申请通过了“国际市场通行证”——ISO 9000 国际标准质量体系认证，使企业管理和职工素质上了一个新台阶。1996 年 10 月，宁波如意机械有限公司转制为股份制企业，改名为宁波如意股份有限公司。

2002 年，“宁波如意”产品销量超过 15 万台，这一销量已经超过日本和瑞典两家大型同类企业，成为“世界搬运车之王”。2002 年 10 月，“如意”又在全国同行中率先通过 ISO 9000(2000 版)、ISO 14000 和 OHSAS 18000 质量、环境、职业健康安全三项管理体系认证。随着全球制造业向中国的转移，中国生产的手动液压搬运车占世界产量的 60%。2004 年 4 月，储吉旺面对欧盟对中国生产的手动液压搬运车的反倾销，坚守一贯的商德，遵循宁波帮商人的信义，坚持“宁可做蚀，弗可做绝”的儒商文化，积极应诉，耗费了他大量的精力。与此同时，储吉旺苦苦地进行新的探索，与其开展同质化的竞争，不如创新，摆脱纠缠。

2004 年 4 月 25 日，德国永恒力董事会、监事会成员在对宁波如意进行考察后，看中如意良好的信誉、优质平价的产品及能够大批量供货的生产能力，双方就合资事宜达成了共识。这次中德合资不仅提高了产品的技术含量，更培养了现代跨国企业与中国民营企业独特的、优秀的管理模式和企业文化，实现了中国企业文化和西方企业文化的融合。

自此，如意的拉紧器、搬运车、平台车、风动砂轮机等四大系列 100 多个规格品种的产品销量节节攀升，以年销售 6.5 亿元的实绩，成为世界物流业巨头。储吉旺始终认为，一个企业的领导者要做到眼观三块：嘴里、手里和眼里。有优势的产品是属于嘴里的那块，手里的是正在开发的，而眼里的那块就是未知的，这就需要不断地去探索和发现。只有在创新中才能求生存、求发展、创新是民族的灵魂，也是企业的脊梁骨，创新才能促进企业的发展与进步。

（二）诚诚恳恳的慈善家

30 多年来，储吉旺把行善作为他人生的最大快乐。公司新厂房落成，按风俗要举行隆重的仪式，储吉旺却节俭办事，把省下的 30 万元捐给了一所山区学校。为解决群众看病难，他向宁海县第一医院捐资设立了如意医学奖基金会；带头捐款，造亭修路，建成连福风景区；千里之外的张家口发生地震，他亲自赶赴灾区，送去一个老军人的爱心；2004 年，发生印度洋海啸，他资助 20 万元鼓励两个外商重建家园……办企业 30 多年来，公司及其个人向社会捐款达 8000 多万元，用于教育卫生、敬老救难、济贫帮困等公益慈善事业，在社会上享有很高的声誉。储吉旺曾先后荣获“中华慈善奖”“浙江省慈善奖""宁波市慈善楷模"等奖项。如意公司也屡获"中华慈善突出贡献单位""宁波市十大慈善民营企业""抗震救灾先进集体""宁波市十大最具爱心企业""宁海县慈善突出贡献奖"等荣誉。

对于"利"与"义",储吉旺有着精彩的阐述:"经商要讲利义之道,利是生存、发展、壮大之源;义是国格、人格、经商之魂;两者不可兼得时,舍利而取义,有魂事业方能永恒。"商人追求利益的最大化,无可厚非,可他在利与义之间,取的是"舍利而重义"。

(三)潇潇洒洒的作家

储吉旺在中学时,是深得文科老师赏识的高才生。他爱好文学、爱好写作,在繁忙的经商和大量的社会活动之余,一直将"立德、立功、立言"作为人生追求的最高境界。他能言善辩,喜好舞文弄墨。他是一位有心人,善于学习和积累,从青年时代开始,一直坚持写日记,不管多么劳累或是身处逆境,从未间断。储吉旺的业余时间,即使是出差、出国期间,最大的乐趣是挤时间读书写作。

早在储吉旺 1984 年担任县客运站站长时,甘肃人民出版社就出版了他编选的 13 万字的《长寿经验集锦》,初版 3.3 万册很快售罄,不久又进行了再版。他的前半生自传——12 万字的《风雨四十年》1995 年由新华出版社出版。此后,他根据自身经历,陆续撰写并出版了《我与外商打交道》《谈恋爱与谈生意》《谈文化与谈生意》《五百罗汉》《商旅风云》《商旅心迹》《纪念沈向权书记文集》《百僧墨韵——储吉旺诗词》等 8 本书。其中,《我与外商打交道》被全国 17 家报纸杂志连载,

1997 年 12 月 12 日，中国人民解放军总参谋部、总政治部和《人民日报》等首都 20 家新闻单位在人民大会堂隆重举行了《我与外商打交道》首发式，据悉，在人民大会堂举行企业家个人著作首发式尚属首次。《谈恋爱与谈生意》一书被多家大学外贸专业学生作为教学案例。《商旅风云》一书自 2005 年 6 月起一直连载于《国际商报》副刊上。2011 年出版的《百僧墨韵——储吉旺诗词》更被称为奇书，该书节选了储吉旺近年创作的 140 余首诗词，由全国 150 多位高僧手书。

储吉旺用文学和文化的方式来表达内心，表达自己坚守的商业精神。他富于传奇色彩的创业历史，及其精力和永不枯竭的灵感简直令人难以置信，是一个作家的见识和感受成就了“世界搬运车大王”，还是一个“世界搬运车大王”的经历为作家贡献了无尽的素材与灵感——对这个听上去有些像绕口令的问题，只能留于世人自己思索。

二、砥砺磨炼，低头做事，脚踏实地，三驾并驱——雅戈尔集团总裁李如成

说起雅戈尔，在中国，乃至全球，可谓大名鼎鼎。“雅戈尔”商标品牌价值 91.81 亿元，位列 500 强第 52 位，成为宁波市最“贵”的商标，稳居全国纺织服装品牌第一。雅戈尔在短短 30 多年时间里从一家作坊式的小型加工厂发展到纺织服装、地产开发、股权投资“三驾并驱”、多元发展的大型跨国集团。集团的发展得益于领导的精明决策，李如成和雅戈尔的成长本身就是一个传奇，他是宁波帮商人的杰出代表，2006 年获得首届“十大风云甬商”，2008 年获得改革开放 30 年功勋企业家，是第九、第十届全国人大代表。

(一)坎坷的童年

1951 年,李如成出生于上海。1958 年,李如成父亲被打成右派,全家从繁华的大上海下放到宁波南郊的段塘镇,生活也随之陷入困顿。穷人的孩子早当家,当时刚满 7 岁的李如成就懂得分担家里的艰难,和村里的小伙伴们一起编织过仅挣几分钱的草帽,当过每天只赚两分钱的放牛娃。

10 岁时,李如成的父母相继病故,他和一个姐姐、两个弟弟相依为命。15 岁那年,初中尚未毕业,李如成便主动报名到灯塔大队雅渡村"插队"务农,在"广阔天地"里一待就是 15 年。

党的十一届三中全会后,数千万知青开始陆续返城。1980 年岁末,已近而立之年的李如成来到了镇办的"青春服装厂"。正是少年时代、青年时代的坎坷经历,砥砺磨练,使李如成养成了低头做事、低调做人的风格。即使如今身家冲天,仍为人朴实,不愿张扬,一身不变的雅戈尔西服和衬衫,一只拎了 20 多年的公文包,到哪里都是自己开车,这就是李如成的做派。自小的生存苦难,让李如成时时警醒。也正是这种生活环境下的历练,造就了他如今三驾马车共同拉动的整个雅戈尔集团。

(二)艰苦的创业

宁波青春服装厂,当时是用 2 万元知青安置费勉强建起来的。车间就在村边戏台的地下室,缝纫机什么的都是职工从自己家搬来的,主要业务是为别的工厂代加工一些短裤、短袖之类的低档产品。生产条件虽然简陋、艰苦,但李如成却十分珍惜这难得的工作机会,凭着勤奋努力,进厂不久便被任命为裁剪组长。

起步不久，工厂就受到市场的冲击，业务断档，大家面临失业。1982 年，他偶然听说吉林有一家服装厂需要找合作伙伴，便主动请缨前去联系，运来了 12 吨面料，使服装厂绝处逢生。那年全厂的工资从人均 20 多元涨到了 70 元，李如成也由此得到了大伙的信任和拥戴，成了“青春”的厂长。

此后青春服装厂与上海开开衬衫厂的横向联营使李如成掘得了宝贵的第一桶金，并于 1983 年创建了自己的第一个品牌——北仑港衬衫，成为当时的全国畅销产品。当全厂上下沉浸在“北仑港”旗开得胜的喜悦中时，李如成却意识到“北仑港”的局限性：品牌地域色彩太浓，文化含量不够，缺乏提升的空间。

1990 年 8 月，在李如成的精心运作下，一个全新的中外合资企业“雅戈尔制衣有限公司”宣告成立。YOUNGOR（雅戈尔）是“青春”两个字的英文名称，李如成认为“雅戈尔”既有着“青春”厂的历史延续，又寄托着对未来的期待。

自那以后，雅戈尔公司连上台阶：1992 年，开始投资房地产行业；1993 年，改制为股份制公司，明晰产权；1998 年，公司上市，涉足资本市场；2001 年，成为国内最大的服装制造业基地；2004 年，成为国内重要的高端纺织面料生产基地。雅戈尔“三驾并驱”的布局其实从集团成立之初就已经开始筹谋。

（三）华丽的转型

谈到雅戈尔的发展，李如成认为：“1993 年雅戈尔的产权改制是企业发展过程中最重要的一次转折。”当时，宁波市动员企业搞股份制试点，李如成当即决定搞。产权问题的顺利解决是雅戈尔发展的最大机遇，改制成功让雅戈尔真正走上了腾飞的道路，为后续的转型升级奠定了坚实的基础。

雅戈尔通过服装完成了资本原始积累，并继续调整主业方向健康发展。21世纪初期，当国内纺织业陷入压绽、减员、扭亏的低谷期时，李如成却投资20亿元向上游纺织面料，乃至原材料产业延伸，从棉花种植、纺纱、织造，到成衣、物流、营销，李如成将“雅戈尔”建成了贯穿整个产业链条的大型服装企业。上游纺织城，中游服装城，下游旗舰店，仿佛是一艘航空母舰。有意思的是，这个产业链上的每个环节创建之初，都曾遭到业内行家反对，即使到今天，仍有不少人持有异议。但是，即使反对者也不得不承认，雅戈尔决策中的逆水行舟式思维，已成为企业的活力之源。

李如成在多年的中国服装产业经营中，逐渐将目光投向世界。雅戈尔一系列的对外合作，不仅提高了企业的技术和管理素质，也进一步完善了产业链。近几年的跨国合作和并购举动，则预示着雅戈尔崭新的国际化战略的启动。2007年春天，雅戈尔携手美国百年老牌“浩狮迈”亮相CHIC 2007；同年底收购斯马特公司（Smart）和香港新马服饰公司（XinMa）100%股权，进一步拓展欧美国际市场，加速国际化进程，步入跨国经营阶段。面对世界产业结构调整，扩大国际贸易，加快推进企业外向转型，是李如成又一个着力点。

在金融、地产的强大支持下，雅戈尔稳健快速地跃至新的竞争层面——占领科技高地，建设渠道通路，弄潮消费时尚，品牌跨国经营。由此，雅戈尔服装板块实现深刻变革，从制造型企业成功转变为买手型企业，着手培育一支强大、活跃、极富创新牵引力和消费诱导力的雅戈尔品牌买手队伍。

(四)辉煌的产业

30多年前,李如成仅以2万元的知青安置费起家,如今,雅戈尔每年向国家交纳的税款就将近2亿元。雅戈尔集团形成了以品牌服装、地产开发、股权投资三大板块为主的经营格局。在全国民营企业500强中,资产总额名列第8位,利润名列第10位。30多年的创业历程中,雅戈尔创造了一个神话,雅戈尔衬衫、西服、西裤、夹克和领带均被评为"中国名牌"产品。

雅戈尔置业经过多年的发展,在宁波、绍兴、杭州、上海、苏州已成功开发住宅、别墅、商务楼等150多万平方米,取得了不俗的业绩。同时还投入巨资,涉足基础设施产业、社会公益事业乃至传媒业,参与投资杭州湾大桥建设、雅戈尔动物园,以及宁波日报报业集团下属的东南商报经营业务,这是自中央做出深化文化体制改革决策以后,全国率先引入社会资本参股的媒体试点之一。

雅戈尔国际贸易发展迅速,1999年雅戈尔品牌被外经贸部确定为第一批重点支持和发展的出口品牌商品,同年,雅戈尔控股的中基宁波对外贸易股份有限公司改制成功,实行工贸一体化,纺织服装出口快速增长。

经过多年努力,李如成在全国建起了稳定诚信的销售体系,在全国拥有772家自营专卖店,各品牌商业网点2632家。主打产品衬衫为全国衬衫行业第一个国家出口免检产品,连续17年获得市场综合占有率第一位,西服连续12年保持市场综合占有率第一位。雅戈尔也提出了二次创业的新目标:创国际品牌,建百年企业。

（五）无私的回馈

30多年的风雨历程中，雅戈尔形成了一套独特的企业核心价值观：诚信、务实、责任、勤俭、和谐。诚信，是雅戈尔的文化之根；务实，是雅戈尔的文化之本；责任，是雅戈尔的文化之纲；勤俭，是雅戈尔的一向作风；和谐，是雅戈尔的文化之果。就如2006年“十大风云甬商”的主题词“责任感、创新意识”所述，雅戈尔集团在发展企业的同时，把财富大手笔地捐赠给社会，在集团总裁李如成的带领下，谱写了一曲人间大爱的乐章，时刻诠释着企业的核心价值观。

创业30多年来，雅戈尔一直将回馈社会视为企业的责任，在“新农村建设”、“教导扶贫”工程、捐资助学、解危济困等方面热心相助，已累计捐献逾3亿元，在西藏、四川、江西、甘肃、宁夏等地有10多所雅戈尔捐建的希望小学，还在宁波石碶建立雅戈尔小学，捐资4000万元建立雅戈尔中学。

多年来的无私回馈，使李如成带领下的雅戈尔集团多次获评“中华慈善事业突出贡献奖”及“中华慈善奖”，连续三年上榜“福布斯慈善榜”和“胡润企业社会责任50强”。李如成始终保持着一份沉甸甸的社会责任感。

三、低调崛起创百强，诚信开拓赢口碑——银亿集团总裁熊续强

“好房子，银亿造”，看似一句广告语，却道出了银亿房产在老百姓心目中的口碑，其已成为宁波房地产发展潮流的标杆。银亿是一个典型的具有创新精神的品牌，在集团总裁熊续强的领导下，勇立改革开放的潮头，低调创新，传承和发扬

宁波帮精神。从1994年起用化蝶的精神在民营经济里翩然起舞，从房地产起家，创立了以房地产开发和资源类工业为支柱产业，积极发展国内外贸易，兼有物业管理、物流仓储、建材商城和五星级酒店等产业的综合性大型企业集团。

（一）创业经历

1956年出生于宁波余姚的熊续强，在全国“上山下乡”的洪流中也成了一名插队知青。

当改革开放的春风吹遍神州大地时，熊续强凭借自己的努力，成长为余姚农药厂的技术骨干，并于1979年升任副厂长。在当农药厂领导的两年多时间里，熊续强得了个“包工队长”的雅号。当时，为给工人发加班费，在受限无权的情况下，熊续强另辟蹊径，以夜餐费的形式进行发放，“包工队长”算是工人对他的“爱”称。

1981年，熊续强卸任余姚农药厂副厂长，先入浙江大学求学，后到市级机关任职。1991年11月，熊续强临危受命，接任已濒临倒闭的大型国企宁波罐头食品厂厂长。当时有4000多名职工的罐头厂，一年要亏损两三千万元，已陷入资不抵债、生产停顿的境地。熊续强上任后，大刀阔斧地进行改革，开发产品，拓展销路，充分发挥出宁波帮奋发进取、勇于创新的开拓精神。上任一年后，这家老国企就创造了“创利500万元、出口创汇1000万美元”的成绩，向市政府交出了一份优秀的答卷。1993年全省国企扭亏转盈的现场会就放在宁波罐头食品厂召开，宁波市表彰了3名在减亏扭亏工作中贡献突出的企业经营者，熊续强排名第一。

1994年，宁波银亿集团有限公司成立。1995年，银亿集团开发了第一个项目：高级涉外商务别墅——国际经贸园。1996 年，开发第一个住宅小区：全新景观住宅——生活新境，为宁波人民带来新型花园住宅和社区休闲生活理念。1997 年，开发宁波首个挑高小户型建筑——生活大师，以单身公寓的市场定位掀起市场销售热潮。1998 年，开发系列化品牌小区：围合式舒适型高尚住宅——世纪长春、世纪虹，首创屋顶花园式立体绿化。1999 年，开发享誉盛名的宁波标志性住宅：市中心生态园林社区——世纪城。多个"首创"，开始了银亿发展的新里程，也开启了宁波房地产业提升品质、整合营销的新时代，奠定了银亿在宁波房地产界的地位。此后，对宁波电视机厂、宁波木材厂、宁波舜龙电业有限公司、宁波舜龙锦纶有限公司等的收购，逐步实施银亿多元化战略的部署。

熊续强以军事家和战略家的远见卓识，在以宁波为大本营奠定好坚实的基础后，开始着眼于全国市场，提出了"立足宁波，跨区域发展"的房地产开发思路。2003 年投资开发了第一个异地项目——安徽马鞍山市中心标志性高层社区"中央花园"，并逐步将开发项目扩展到了上海、南京、南昌等长三角城市群和北京、沈阳、大庆等环渤海湾城市群 10 多个一、二线城市。银亿对一个个的经典楼盘，向追求生活品质的人们传递"银亿品质"。

（二）多元发展

银亿在房地产业一路高歌猛进的同时，坚持适度多元化战略，通过投资、收购、兼并、重组等手段，抓住机遇，稳步向工业、国内外贸易、物业管理、酒店服务、市场经营、资本运作等领域拓展，稳步构建"主业集中化、产业多元化、发展规模化、管理科学化”的经营格局。

银亿物业是宁波首家建设部一级资质物业公司，拥有14个专业分、子公司，经营范围为物业管理、租赁、室内外装潢。银亿物业立足宁波，面向全国，目前在宁波、上海、南京、大庆、沈阳、杭州、舟山、台州、南昌等城市均有开展业务。为提高物业服务水平，银亿物业与美国豪生酒店管理（中国）有限公司合作，成立开豪酒店物业，率先在宁波开创酒店式物业管理服务模式。银亿是浙江省首家通过ISO 9001：2000质量管理体系和ISO 14001：1996环境体系双认证企业，中国物业服务百强企业。

不仅如此，银亿还通过投资建设华侨豪生大酒店、威斯汀酒店和新世纪家居装饰商城，进入高档酒店业和建材行业。华侨豪生大酒店以高品位的设施和优质服务成为宁波五星级酒店的一个代表，威斯汀是全球最大饭店集团喜达屋旗下最具标杆性的超五星级酒店品牌，是顶级豪华型酒店，而新世纪家居装饰商城是华东地区规模最大的现代化建材商城之一。

资源类工业是银亿集团近几年来全力打造的第二个支柱产业。熊续强充分发扬宁波帮精神，向资本集聚的行业发展，以经营矿产业、煤和煤化工、镍冶炼、石油化工为发展重点，积极发展循环经济，实施自主创新，开展资源综合利用。2007年起，银亿集团先后在山西收购重组煤矿（含煤焦化）；在广西北部湾经济开发区投资镍冶炼项目；在香港、菲律宾、印度尼西亚、墨西哥等地成立了矿业投资公司，为把银亿集团建设成为中国较高品牌价值的公众企业打下坚实基础。

同时，银亿积极拓展国内外贸易，以金属材料、塑料化工和矿产品为核心业务，形成稳固和畅通的供销渠道和经营网络。旗下的宁波保税区银亿金展材料有限公司、宁波银亿进出口有限公司等，主要以钢材和金属内贸为主，业务规模快速扩大，管理体制不断优化。

（三）社会责任

在发展企业的同时，银亿集团以着眼长远的战略眼光，努力为国家承担更多的社会责任，支持政府的改革举措，积极推进社会和谐稳定发展。在国企改革过程中，银亿集团先后兼并和收购了宁波罐头食品厂、宁波电视机厂、宁波木材厂和宁波经济发展总公司等一大批“老、大、难”式的大中型国有企业，进行企业改制，逐步打破了发展瓶颈，开拓出新的业务，不仅盘活了土地、厂房、办公楼等一大批存量资产，而且理顺了2000多名原国企身份职工的劳动关系，解决了1000多名下岗职工和社会失业人员的再就业问题，有力地支持了国企改革，为宁波经济的发展做出了自己的贡献。

在宁波大规模的城市改造过程中，银亿集团公司先后投入6亿余元，支持市里的“半拉子”改造工程。经过严密的市场调研和准确的产品定位，改造后的世纪广场、外滩大厦等项目带动了宁波新一轮写字楼市场的销售热潮，为盘活社会闲置资产，有效提升城市形象起到了示范性作用。出资1亿多元建设“宁波市中心农贸市场”，开创企业办菜市场的先例。

在环境保护方面，银亿集团积极实施工业项目的产业升级，在煤化工和金属冶炼项目中，开展对煤矿和红土镍矿的资源综合利用，打造产业链，发展循环经济，实施清洁生产。之前，银亿自主研发的低品位含镍红土矿高效利用绿色工艺产业化技术已通过国家发改委“2008年度国家重大产业技术开发项目”的评审；“从镍冶炼废水中提取镁盐产品及石膏项目”已通过广西壮族自治区经委和发改委“资源节约和环境保护2009年中央预算内投资项目”的评审；“焦炉气制甲醇”工程入选国家发改委“资源节约和环境保护十大重点节能工程”。银亿集团坚持诚信经营，是浙江省知名商号，自1995年开始，连续17年获得AAA级资信等级。

作为一家充满爱心，极具使命感和责任感的企业，银亿集团踊跃参与公益慈善事业，开展扶贫济困、捐资助学和支持社会主义新农村建设等活动。公司出资3000万元设立冠名慈善基金，扶助社会弱势群体和贫困地区发展；与贫困家庭结对帮扶，帮助解决困难居民的生活问题；每年向各级慈善总会、基金会等社会机构和街道、公安武警系统等单位进行定向捐助。近几年内，银亿集团向社会慈善机构及困难地区和群众累计捐助6000多万元。银亿集团在社会慈善方面所做的工作得到了有关部门的积极肯定，先后被授予“中华慈善奖”“浙江慈善奖”“浙商社会责任奖”。在“5·12”四川汶川地震的抗震救灾工作中，银亿集团被浙江省慈善总会授予“赈灾捐赠慈善突出贡献奖”，成为宁波市唯一获此殊荣的单位。创业以来，熊续强坚持“关注客户、关爱人生”的理念，了解职工的疾苦，拨款1000万元设立帮困基金，出台职工重大疾病救助办法，建立企业帮困长效机制。在宁波市“十大风云甬商”的评选中，熊续强连续获得“最佳关爱员工奖”和“最佳爱心甬商奖”，并获“浙江省关爱员工模范企业家”等荣誉。

排名2012年福布斯中国富豪榜第67位的熊续强，做人做事一贯低调，他喜欢穿布鞋，喜欢步行，从他的身上我们看到了宁波帮精神的精髓。

四、让设计"智"造厨具,让美学融入产品——欧琳集团总裁徐剑光

综观世界及中国家居厨房行业的发展趋势,生态环保、智能化、数字化是未来家居生活的主流趋势。欧琳集团推出的全球首款"低碳智能厨房",迎合了未来的国际化趋势,为中国家庭未来的绿色生活方式带来全新的体验。徐剑光带领自己的团队,带着对美好生活锲而不舍的追求,使欧琳集团与国内其他行业的领先企业一样走过了从创业、创新到创智的艰苦历程,成为中国厨房产业当之无愧的领军者。徐剑光本人曾担任宁波市人大代表、浙江省政协委员、中国流行色协会副会长,荣获第七届宁波市优秀创业企业家、2007 年度"新浙商 新商道"人物、2007"十大风云甬商"等荣誉,2008 年 5 月当选为奥运火炬手,作为宁波企业家在广州"第一棒"传递奥运圣火。

(一)美的发现

徐剑光在当今新一代宁波商人中是颇具个性的一位,因为他自幼酷爱艺术,对美有独特的感受,在美学工作实践中,又练就了一身发现美、创造美、欣赏美的硬功夫,因此他打造的制造企业深深地融入了美学的特点。

徐剑光 1963 年出生于浙江宁波。小时候,他喜欢画画,看了连环画以后,就在地上画、在墙上画,画着画着就有了感觉,也就喜欢上了美术,这种兴趣慢慢地被培养了起来。徐剑光家里祖上是商贾世家,他的爷爷在上海做生意,很成功,也许徐剑光的基因里面也有着宁波帮的商业基因。逐渐地,徐剑光走上了一条发现美,将美学与科学融入生活的创业之路,可以说,欧琳的厨房产品为中国人提供了美好生活的样本。

徐剑光是一个善变的人，涉猎过的行业较多，欧琳是他的第三次创业。1985年，他创建宁波美术制版彩印厂，自任厂长。1992年，他看中当时家庭装修的巨大市场，成立了宁波现代建材装潢城，任总经理，并代理一些国外的卫浴产品。1995年，多次走出国门的徐剑光，看到了国外的先进生活理念，提出了“厨房革命”的口号，着手创办了欧琳厨具有限公司。徐剑光认为未来产业当中，以家为单位，一个厨房一个卫生间，肯定是受欢迎的，而且他从美观的角度考虑，认为中国应该有美丽的厨房。2006年，徐剑光创办宁波千玉水晶工艺品发展有限公司，成立了欧琳集团，并任集团总裁。

徐剑光是一个执着的人，他在第二次创业取得小成功，并且生活安逸的时候，卖掉别墅、汽车等所有身家，全身投入“厨房革命”工程。在公司生产的厨房产品叫好不叫座的情况下，徐剑光没有退缩，积极想办法解决困难。借住博会参展等机会，首创厨房时装秀，向人们传递“厨房原来可以这么美”的理念，逐渐推动了厨房产品的销售、生产。

徐剑光爱好广泛，他画国画、学摄影、会做琉璃，并自己动手设计服装，是一位心灵手巧的艺术家，他在生活中时刻捕捉美、欣赏美、应用美，他的产品在中国的厨具市场掀起了阵阵波澜。

（二）美的创造

徐剑光是个深受中国文化熏陶，深谙中国企业经营之道的借势高手。他明白要使企业立于竞争不败之地，最好的办法是像太极高手一样借势，不断创造、创新，占领行业制高点。

20世纪90年代初，中国厨具行业还是一片荒漠，在人们的传统观念中，厨房的功能是烹饪，离“美”还有着一定的距离。徐剑光和他所带领的团队游历了几十个国家，利用在欧洲的休息天，参观了各种展览会，拍下数十万张照片。五花八门的店面设计、街头海报，世界著名品牌的色彩搭配，博物馆的艺术品，甚至街上行驶的经典汽车，都成了徐剑光设计资料库的内容，他立志要在这里种出“艺术”的庄稼。在欧琳厨具成立之初，徐剑光借力于欧洲厨房的先发优势，在中国厨具业的谱系中，逐渐成长为一个独具发展模式的企业样本，欧琳一起步就确立了高端的品牌定位。

随着企业的起步，徐剑光就将企业的销售定在了全球。同时，徐剑光意识到中国制造的厨具产品要进入欧洲“老祖宗”的领地，与他们争夺市场分一杯羹并不容易，只有掌握了欧洲消费者的美学心理和规律，一切问题才可迎刃而解。因此，在创业之初，徐剑光就立志改变中国工业产品重质量不重设计的陈旧观念，这是他多年以来无悔的追求。欧琳成立后，先后与国际工业设计鼻祖——德国包豪斯大学、中国美院、同济大学、中国农科院等高校和机构建立战略合作伙伴关系，并与中国工业设计协会、中国流行色协会等行业协会展开合作，学会整合国际国内优势资源，为企业所用。一方面，他分批引进欧洲专家为团队做指导，对生产流程进行全程监控，帮助建立产品生产体系和质量管控体系，邀请德国包豪斯大学的设计专家到宁波体验中国人的厨房生活；另一方面，派遣欧琳设计师分批分期赴欧洲学习，为欧琳产品适应欧洲市场需求练内功。

依靠国内外一流大学的坚强后盾，借力国际化团队，欧琳将科技、健康、智能及美学融入厨房。欧琳掌握了世界上最先进的“小 R10 角”、国际领先的冷压拉伸模具等核心技术，历年累计获得国内外专利 400 多项，其中仅水槽专利就有 70 余项。今天，欧琳水槽的市场占有率已稳居全国第一，世界上每十个水槽中就有一个是欧琳生产的。欧琳集团已发展为一家专业从事高档橱柜、不锈钢水槽、厨房电器等厨房产品设计、生产及销售的国际化集团公司，销售网络遍及 70 多个国家和地区，并在国内设有 1000 余家专卖店和销售网点。

在企业的创业过程中，没有特殊背景的徐剑光和他的团队，经历了与众不同的发展历程。徐剑光着眼于长期的品牌建设，不是单纯地追求规模、销售额，而是每 5 年制订一个发展战略目标，实现稳步增长，讲求综合实力的提升。徐剑光认为，在西方，很多国际顶级品牌的成长都需要经历 100 年乃至更长的创业历程，欧琳要学会坚守，就必须对当前利益果断“放弃”，也正是因为懂得“放弃”，走高端路线，欧琳已被许多用户视为身份的象征。多年来，欧琳获得了许多殊荣：全球工业设计界顶级设计大奖——红点奖、iF 奖，B. I. D 国际质量之星奖，中国创新设计红星奖金奖，房地产界奥斯卡奖——金砖奖，中国名牌，中国环境标志等。同时，欧琳参与了《家用不锈钢水槽》国家轻工行业标准的起草和制定，并成为《家用厨房设备》国家标准起草组长之一。2010 年上海世博会期间，作为唯一一家指定厨具供应商在“天下一家”馆中展示了欧琳低碳智能概念厨房，这是欧琳从创新到创智跨越的成果，也再一次向世界展示了欧琳倡导的低碳、生态、环保，注重生活美学和智能科技相统一的理念，改变了当前国际上对中国产品处于低端的偏见和认识。

目前，欧琳拥有国际领先、亚洲最先进的现代化橱柜制造中心及欧琳国际化精锐研发团队，先后成立国内首家“厨房用具材料工程技术研究中心”，国内首个“厨房色彩研发基地”，以及厨具产品检测中心。

欧琳，一个蕴含欧洲特征的高品质厨房生活标杆品牌，凝聚着欧洲风情和全球智慧。综观欧琳集团的成功，首先是徐剑光领导的公司决策层具有开放的思维，一开始起点就高，引进了德国先进技术，待企业发展到一定规模后又购置最先进的设备，同时引进国内外各类设计人才，把国际一流的设计、工艺和装备结合起来，助推了企业超常规发展。其次，公司注重绿色健康和智能的高品质理念。“民以食为天”，厨房关系到生活品质，厨房搞好了可以减轻劳动，提高家庭生活的品质。在人才培养方面，公司与国内外一流大学合作，把教育和人才培养结合起来，并组织管理层和核心员工到欧洲“浸泡式”学习，融入了国际先进理念和文化，使产品能满足国内外消费者需要。未来，欧琳不仅要做国内品质第一的厨房品牌，而且要争取进入国际同行业品牌前十位，探索出一条中国企业的世界品牌道路。

五、纪录保持，铿锵玫瑰，转型升级，车行高端——轿辰集团董事长汪剑英

在宁波车市行业，轿辰集团和汪家三姐妹可谓无人不知，其中大姐汪剑英正是轿辰集团的掌舵人。这位运动员出身的70后女甬商，曾是宁波市七项全能的纪录保持者，如今她在宁波汽车界所创造的纪录，保持至今并还在继续。而汪剑英领军的轿辰集团，从20世纪80年代一家小小的星火汽修厂，经历“转型”三级跳，跨越了一个个鸿沟，留下了一行行足迹，

使轿辰成为宁波地区最大的汽车销售服务企业，集团的业务涵盖整车销售、汽车维修、汽车零配件、二手车置换、美容快修、汽车金融、汽车用品、汽车专业市场等九个领域。

（一）成功始于起跑

1986 年，宁波江东丹凤新村的东大门，成立了宁波第一家汽车修理厂——星火修理厂，这便是轿辰集团的前身，创始人是汪剑英的父亲汪杏康。

汪剑英有两个妹妹，受父亲事业的影响，一开始她们都在父亲创办的厂里做过事。虽然是厂长的女儿，但是从来没有享受过任何优待，一切都是从头学起，从底层干起，她们做过一线销售员，当过配件管理员，甚至还在食堂煮过饭。

创业是件很艰辛的事，而人们视线中的民营企业家也鲜有巾帼的身影。正因为从小有父亲的言传身教，以及在厂里工作的基层经历，为汪剑英后面的创业打下了扎实的基础。汪剑英自称“创 0.5 代”，基于父亲创办的宁波第一家汽车修理厂，随后又诞生了宁波第一家汽车 3S 店及宁波第一家汽车经销集团。

1989 年，星火汽修厂的一场意外差点将企业击垮，而那年汪剑英才 19 岁。那一天，一辆正在修理中的汽车突然失火，尽管火被及时扑灭，但这辆价值 5 万元的汽车已被烧得面目全非。5 万元对于 20 世纪 80 年代的一家小小汽修厂而言意味着一年甚至两年的利润，意味着这或许是一场灭顶之灾。一时间，事业刚刚起步的汪剑英被推到了风口浪尖，年轻的她要独自承担种种责任和压力。从温州出差赶回宁波，一次次地谈判和协调，一次次地承受与担当。然而，是读书时运动员的经历磨炼了她直面挑战、永不服输的个性。最终,她勇敢地、睿智地、沉着地跨过了这道坎。这件事情在创业之路上给了汪剑英重重的一击,但这一击没有击垮她,而是让她变得更加坚强和勇敢。

在经历了数十载的艰苦创业后,2003 年,汪剑英创建了宁波地区规模最大、设施最全的世纪汽车城。然而,一股勇往直前的闯劲使她没有安于现状,三年后,她和她的妹妹们共同创建了宁波轿辰集团有限公司。每一次的蜕变对汪剑英而言,都是一次磨砺和考验。

人们常说:善于奔跑者,总有一种无形的力量牵引着,向心灵深处蔓延,闪烁着绚丽的光芒。汪氏三姐妹在大姐汪剑英的带领下,用自己的勤奋和努力在这个男性领航的行业里,每时每刻都展现着女性的智慧与才能,谱写了一曲现代版的《谁说女子不如男》,她们精彩地演绎着汽车行业的一个传奇故事。目前,轿辰集团员工总数达到了 3400 多名,旗下拥有控股和全资子公司 50 家,其中品牌 4S 店达 38 家,代理品牌有华晨宝马、广汽本田、广汽丰田、一汽丰田、奥迪、一汽大众、上海大众、上海通用别克、上海通用雪佛兰、上汽荣威、北京现代、长安福特、广汽传祺、东风本田、保斐利、凯迪拉克等 16 个之多。汪剑英也曾获得浙江省巾帼创业带头人、杰出创业女企业家、宁波市十佳青年、2007“十大风云甬商”最佳经营模式奖、2012“车市之星”年度风云人物等荣誉。

(二)腾飞始于转型

轿辰集团的发展与汪家三姐妹的创业历程,面临过三次成功的转型:

第一次，1988年，汪剑英投资了宁波地区第一家上海大众售后维修服务站，让当时的星火汽修厂由单一做车辆综合维修的“野战军”进入专业的汽车售后服务行业，成为“正规军”。

第二次，2001年，随着4S模式在国内开始发展，汪剑英取得了广州本田在宁波地区的代理权，创建了广州本田宁波中兴店，凭借当时广本成熟完善的经营管理理念，汪剑英的事业从单一的维修模式正式转入4S时代。同时，两位妹妹也逐渐建立了自己代理的汽车品牌。当时，大姐代理的广汽本田，老二代理的一汽大众，小妹代理的通用别克，在宁波取得了很好的市场口碑。这次转型，使三姐妹积累了丰富的行业阅历和基层管理经验，使她们既有敏锐的市场直觉，也对内部运营管理了如指掌。

第三次，2006年，三姐妹联合成立轿辰集团，结束了自己创业过程中单枪匹马、单打独斗的局面，成功地转型到了通过资源整合、抱团出击来占领市场的阶段，为轿辰的进一步发展搭建了一个更大的平台。在品牌4S店的经营过程中，三姐妹共同意识到，民营企业创业，只有迅速成长才能生存，做大做强才是硬道理，轿辰集团的成立就是基于三姐妹亲情所形成的信任和默契。集团成立后，三姐妹根据自身的特点各司其职。汪剑英作为一家的老大，义不容辞地担当起集团领头羊的职位，担任董事长兼总裁，全面负责集团工作；老二汪剑君任副总裁，主要负责集团的日常运营管理；小妹汪小君任副总裁，负责集团的投资和外联工作。

创业之路曲折而漫长，汪家三姐妹凭借着她们那份独有的勇气与信心，互相扶持帮助，闯过了一道又一道难关，三次成功转型都准确地抓住了社会经济发展的脉搏。汪家三姐妹在大姐汪剑英的带领下的创业历程非常有参考价值:一是她们首先分别在4S店取得了成功,从经验和能力上为后期的发展打下坚实的基础;二是取得初步成功后又能自发地联合形成集团,奠定了进一步拓展的平台基础;三是轿辰目前在宁波具有40%份额及品牌效应,是创业成功的标志。

在企业每次的转型过程中,汪剑英始终坚信品牌战略的调整只是企业转型升级的浅层次体现,只有从卖产品向卖服务转变才是企业实现可持续发展的根本途径。因此,轿辰提出了"为客户提供优质的终身用车服务"的使命宣言,特别制定了"360度服务""让客户感动服务""终身用车服务"三大服务战略,以及"微笑、热忱、专心、专业"的服务理念。近年来轿辰集团紧紧抓住集团股份制整合重组后的发展契机,在管理体制、组织架构、经营方式上实现了创新和突破,提升治理结构水平。轿辰集团创造性地将自己的4S店升级为5S店。4S店其实是一种以"四位一体"为核心的汽车特许经营模式,包括整车销售(Sale)、零配件(Sparepart)、售后服务(Service)、信息反馈(Survey)。根据自身的特点,轿辰集团又加上一个S,即客服满意(Satisfy),用汪剑英的话说,就是一种客户感动性质的服务,即俗话说的客户回访,这有别于售后服务。轿辰集团就是通过这种多方位的服务,不断完善服务体系,逐步树立了在宁波汽车销售服务行业的品牌形象。同时整合产业链上下游资源,积极涉足汽车保险、车贷、汽车俱乐部、汽车旅游、汽车文化传媒等其他服务领域。

2011年底,毗邻宁波国际会展中心、宁波国际金融中心、宁波国际航运中心、宁波软件产业园的轿辰大厦落成,寓意着轿辰步入了一个新纪元，汪剑英由此也开始了又一全新的征程，轿辰更是进一步明确了“跻身中国汽车经销商第一梯队”的发展目标和“成为中国汽车销售服务业第一品牌”的企业愿景。

在收获成功和辉煌的同时，汪剑英始终以一颗感恩之心回报社会、反哺社会，并将感恩文化注入企业管理中，长期专注于社会公益事业。在钢铁、机械交织的“刚性世界”中，汪剑英用女性特有的耐心在精心“织网”。她以自己的实践告诉世人，当代女性以自立自强、创业创新的精神撑起半边天。在未来的日子里，汪剑英将继续带领着她的轿辰以最优异的服务、最良好的形象、最感恩的真心回馈每一个员工、每一位客户，面对挑战永不服输。

六、互联网新锐青商，闯逆境人才猎头——中聘股份董事局主席、258人才银行CEO吴友旺

没有留学背景，没有海归身份，一个普普通通的农民之子，吴友旺集新老浙商的光芒与优势于一身，创办了浙江省排名第一的商业性人才网站——258人才银行，集现代人力资源外包、在线网络招聘、中高级人才猎头服务、人才派遣、人才连锁等为一体，线上线下相结合的专业性招聘外包企业，被人称为“马云第二”。从“中国制造”走向“中国服务”的辉煌业绩，使吴友旺收获了很多光环和荣誉：“浙江省十大杰出青年”、2009“十大风云甬商”最佳逆势突破奖、“中国长三角十大杰出新锐青商”、“中国青年创业奖”等。

（一）创业梦想

1978年12月，吴友旺出生于宁波宁海的一个普通农民

家庭。1997年，吴友旺中专毕业，同年自考取得大专文凭，成为全校唯一一位毕业同年获得两张文凭的学生，荣获“自考状元”的称号。2000年10月，年仅22岁的他大胆地和另外2名同学“猫”在一个仅20平方的租用房内，怀揣2.5万元创业资金开始了自己的创业梦想。不同于老一辈浙商，吴友旺并没有将注意力集中在传统企业上，而是将眼光投向了新兴的互联网产业和服务外包产业这块“蛋糕”，创办了258人才银行，成为“浙江省首家商业性人才网站”。

然而，刚开业不久，吴友旺就收到了一张来自工商局的罚单，罚款额为1万元，理由为“超范围经营”。不承想工商局的罚单仅是一个开始，2001年接踵而至的互联网泡沫、业务开展艰难、合作伙伴撤资相继离开、员工辞职等更是让他背负着巨大的压力。是继续做综合服务，等着网站慢慢退出历史舞台，还是另辟蹊径，只专业做招聘服务，与洋猎头共竞市场，夹缝中求生存？吴友旺在逆境中寻找突破，在危机中寻找机会，经过大量的市场调查，他选择了做专职网络招聘。当互联网经济回暖后，吴友旺开始尝试着将258人才银行定位于招聘外包服务。

这位与改革开放同龄的新生代浙商，在经过创业初期的茫然后，凭着对事业的酷爱和对理想的坚定执着，迎难而上，独自支撑，凭借卓越的创新一步步地实践着自己的创业梦想。

（二）创业成长

吴友旺始终坚持做企业要有专一的精神，要先从根本上改变，才能去改变根本。

在创业的初期，许多手中握有大量资本的浙商开始对自己的企业进行扩张。快速成长的企业群催生了庞大的人才招聘市场，吴友旺从中看到了巨大的商机。在经历创业初期的迷茫与挫折后，吴友旺没有退缩，而是始终保持着冷静、清醒的头脑，在公司的服务上实现转型，从根本上改变企业人事招聘的流程，提供增值服务。公司致力于网络招聘，初期的主要收入来源靠的是发布网上招聘信息和帮企业介绍人才。2002年，经过吴友旺的努力，使258人才网走出亏损困境，并实现了50万元利润——那一年，很多互联网公司已经开始倒闭。正是吴友旺的坚持，258人才网在互联网市场中站住了脚跟。

创业取得基本成功后，吴友旺把眼光放得更远。那时国外的网络招聘已经相当成熟，每年的产值达到1000亿美元，并且开始高姿态地进入中国市场。此时，一道难题摆在了吴友旺的面前，258人才网难道仅仅满足于依靠发布网上招聘信息和帮企业介绍人才来维持收入吗？当时，吴友旺的很多朋友，起先做实业的都开始拿着做实业贷款来的钱，进入其他产业多方经营。和其他企业家不同，吴友旺自始至终都将258人才网的发展战略定位为“多渠道的招聘外包企业”，坚守着自己的人力资源服务，他不管外面的世界如何花花绿绿，不管房地产、汽车、服装怎么赚钱，坚持只做招聘。

正是吴友旺这种专一做企业的精神，依赖于人力资源外包、在线网络招聘、中高级人才猎头服务、人才派遣、人才连锁等多渠道招聘外包，258人才银行才有了如今的500多名家庭成员，线上就业50多万人，线下就业20多万人，共服务企业2.5万家，年销售额从2002年的24000元增长到现在的2个亿，258人才银行已成为中国服务外包行业的标志性企业。故有媒体这样说：前有包机大王温州人，现有包人大王宁波人。

（三）创业守业

有人认为，不同于老一辈甬商需要几十年时间来积累财富，新一代甬商的财富传奇更有爆发力。那么这种爆发，是否意味着不稳定？短暂的力量是否意味着新甬商淡忘了老甬商那种吃苦耐劳的精神？吴友旺对此给出了定义，他认为70后80初的甬商们不但继承了老甬商的执着、坚持，还比他们更阳光，即年龄很阳光，心态很阳光，文化很阳光，股权结构很阳光，财务制度也很阳光。

正是这种阳光，使得吴友旺在创业的过程中屡次收到大礼。

2006年，他接到了福布斯全球网站排名通知：258人才银行在全球人才网站排名第二十八名，在全国商业性人才网站排名前八名，在浙江省商业性人才网站排名第一名。

2007年底，经过长达11个月的洽谈交锋，258人才银行的首轮融资获得欧洲风险投资公司KEY集团1000万欧元的注资，使258人才银行成为继阿里巴巴之后浙江省第二家获得国际金融市场大额风险投资基金的高科技企业，再创“网络神话”。吴友旺这次的成功，靠的是258人才银行清晰的盈利模式，即4大系列27个产品的业务全部围绕互联网展开，这样就避免了与对手的同质化竞争。而且既有网上招聘，又有人才市场，全国首创的线上线下模式足以赚足风投的眼球。吴友旺通过专注人才服务产业，致力成长为企业多渠道招聘外包伙伴等创新服务模式，加快线上线下人才市场连锁化经营，依托258人才银行的平台，扩大线下人才市场连锁和人才产业链的辐射力等，使企业扩张迈出了坚实的一步，打造成了今日的“中聘集团”。吴友旺坚信，公司扎根于浙江这片土壤，对民营企业的用人需求非常熟悉，更了解甬商对人才的需求标准。

2010年，联合国国际生态发展联盟的执行理事戴芬尼斯来到258人才银行考察的时候，在了解了258人才银行的运行模式与机制后，连连称赞258人才银行是绿色经济、绿色发展、绿色科技、绿色产业。

2011年，吴友旺守得云开见月明，继续获得1亿元风险投资，258人才银行在“求助”声一片的2011年，再获60%的业绩增长。吴友旺的创业奇迹受到了耶鲁大学的青睐。作为中国“新生代”和“创二代”的杰出代表，传承着第一代创业者的光荣与梦想，代表着民营经济的希望与未来，吴友旺应邀前往美国耶鲁大学发表题为《新生代中国企业家责任》的演讲，并受到美国前总统卡特的接见。

2012年，吴友旺领导的258人才银行，在原有的基础上向更大的版图扩张，他坚定从“中国制造”走向“中国服务”的信念，在人才产业报国梦的道路上继续扬帆起航。按照吴友旺的构想，在未来几年内，公司将买断全国100家人才市场的经营权，利用258人才网的平台，携手全国30个大中城市的300家人才市场建成全国最大的线上、线下人才市场大联盟，实现公司的上市。

然而，作为一名新时代的企业家，追求金钱和荣誉绝不是吴友旺的最终目标。在企业发展的同时，他更重视的是承担社会责任。吴友旺认为，中国是一个人力资源大国，却不是一个人力资源强国。当中国要从人力资源大国走向人力资源强国的时候,需要做两件事情:一是提高中国人民的素质,教育培训要跟上去;二是要做人力资源配置。吴友旺有一个目标,把 258 人才银行做大做强,能够跟全世界最大的外资人力资源公司同台竞技,将“中聘”打造成中国招聘百年品牌,每年促进百万人就业,实现人才产业报国梦想。吴友旺正努力朝着这个目标前进。

参考文献

[1] 白吉尔,董果良. 中国近代资产阶级的社会结构[J]. 社会科学战线. 1984(4).

[2] 王孝通. 中国商业史[M]. 北京:团结出版社,2007.

[3] 贺建时,曹屯裕. 宁波帮与宁波大学[M]. 宁波:宁波出版社,2003.

[4] 乐承耀. 近代宁波商人与社会经济[M]. 北京:人民出版社,2007.

[5] 金普森,孙善根. 宁波帮大辞典[M]. 宁波:宁波出版社,2001.

[6] 周千军. 月明故乡[M] . 宁波:宁波出版社,2006.

[7] 应华根,魏玉祺. 新宁波帮[M]. 北京:中国经济出版社,2009.

[8] 林旻,林树建. 宁波帮[M]. 合肥:黄山书社,2007.

[9] 黄志明. 宁波发展蓝皮书[M]. 杭州:浙江大学出版社,2014.

[10] 宁报市经济委员会,宁波市推进品牌之都建设联席会议办公室. 中国品牌之都:宁波品牌发展蓝皮书[M]. 宁波:宁波出版社,2008.

[11] 庄丹华. 宁波帮文化[M]. 北京:北京理工大学出版社,2012.

[12] 秦亢宗. 宁波帮百年风云录[M]. 杭州:浙江工商大学出

版社,2011.

[13] 陈厥祥.宁波帮与20世纪中国教育[M].杭州:浙江大学出版社,2007.

[14] 张守广.宁波帮志:历史卷[M].北京:中国社会科学出版社,2009.

[15] 陈春玲,任茹文.宁波帮志:教育卷[M].北京:中国社会科学出版社,2009.

[16] 张实龙.甬商、徽商、晋商文化比较研究[M].杭州:浙江大学出版社,2009.

[17] 阎怡男.新甬商:风景这边独好[M].杭州:浙江大学出版社,2009.

[18] 魏玉祺,骆可其.如意人生:如意股份储吉旺创业风之传[M].杭州:浙江工商大学出版社,2013.

[19] 李慧英,孙善根.宁波帮与宁波慈善事业[J].宁波职业技术学院学报,2009,4(13).

[20] 范静.近代宁波商人办学理念探析[J].黑龙江史志,2010(17).

[21] 王翔.话说浙商:图文商谚本[M].北京:中华工商联合出版社,2008.

后　记

宁波帮自明朝末年兴起，跨越300余年，历久弥新，是中国唯一一个成功实现了集团性近现代化转型的商帮，对中国近现代经济社会的发展做出了不朽贡献。

中国改革开放总设计师邓小平发出"把全世界的'宁波帮'都动员起来建设宁波"的号召以来，世界各地的宁波帮都表现出了空前的爱国爱乡热情，积极参与宁波的经济建设，成为推动宁波社会主义现代化建设的一股强大力量。特别是对教育的捐助和支持，对普及教育、提高民族的科学文化素质起了重要作用，为推动家乡的发展起到重大的促进作用。

改革开放以来，新一代甬商抓住机遇，驰骋商海，积极传承实践宁波帮精神，不断向新品牌、新市场、新科技等更广阔的领域迈进，涌现出了一大批行业领袖，他们以其坚韧的创业精神、独特的经营才华，使宁波帮生生不息，引领宁波帮精神薪火相传、永续发展。

宁波帮为我们留下了丰厚的精神财富和优良传统，我们要传承和发扬宁波帮精神，就要继承勇于创新、不畏艰辛、敢担风险的创业精神；继承历经风雨百折不挠、自强不息的立业精神；继承以人为本、精于管理、明礼诚信的经营理念；继承眷恋故土、捐资助教、乐于奉献的高尚品德。在新的历史条件下，要将其精神内涵内化在我们的心灵和生命之中，要把数代宁波帮恪守的创业观、诚信观、利义观融入小康社会建设之中，推进经济发展，造福社会，造福人民，为国家、家乡的建设做出贡献。

近几年，我们通过提炼和实践，对宁波帮精神已有了一定认识，巍然壮观的“宁波帮图书馆”也在甬江之畔落成；2012年4月13日“首届世界宁波帮大会”在宁波召开，这对我们研究宁波帮提供了有利的条件。

本书将社会主义核心价值观、浙江精神的宣传教育融入对宁波帮精神的解读，使三者在本书中达到了有机的融合。具体是通过宁波帮勇闯天下、艰苦创业、自主创新、改革浪潮中企业转型升级的艰辛经历，凸显宁波帮爱国、敬业的价值观及崇学、务实的浙江精神；通过宁波帮秉承祖训、诚实守信的经营之道，集中体现了诚信、守信的主旨；通过宁波帮回馈社会、造福桑梓的大义情怀，体现友善、向善的价值观；通过新时代宁波帮凝聚商帮精神，勇立改革潮头，“思进思变思发展，创新创业创一流”的典型案例，体现爱国、敬业、诚信、友善的社会主义核心价值观和崇学、向善、务实、守信的浙江精神。宁波帮精神在新时代的宁波商人中得到了不断的发扬与升华。

本书的编写希望对广大读者了解和研究宁波帮有所帮助，本书可以作为大学生社会主义核心价值观方面的教育读本，也可以作为企业家群体的参阅读本。

本书编者在书中借鉴了国内外专家、学者的研究成果，部分材料来自相关网站，我们在百度百科中也查阅了大量有用的资料。

本书在研究和编写过程中，得到了编委们的热情参与，另外，很多朋友还给予了我们很多建议和帮助，在此一并深表感谢。

因限于知识水平，书中难免有错误和不足，敬请广大读者批评指正。

编著者

2016 年 11 月